数えてみてほしい。
たった39秒だけでいい。

1、2、3、4、5……

……37、38、39

はい、売れた。

Prologue

「売れる世界」を、手に入れよう

現代社会は、短時間で、ものを売らざるを得なくなっている——。

この真実を打ち明けたい。

新商品が売れない理由も、利益が出ない理由も、昇進しないのも、面接で落ちるのも、プロポーズがうまくいかないのも、部下が文句ばかりたれるのも、上司の無茶に振りまわされるのも、子どもが言うことを聞かないのも、親が健康的に生きないのも……ただ単に「売れない」から。

あなたにも経験があるだろう。

押し寄せる新情報、広告という売り込みのＢＧＭにウンザリする日々。

「知りたい」「得たい」「欲しい」「情報だけをくれ」と願う自分。

これは、あなたも私も、そしてお客様も、すでに脳が変異を開始している証拠である。

脳科学的に現代を生き抜くには、人類が集中してくれる時間内に、すべてを完結するしか道はない。それが、この本を書いたきっかけであり、目的であり、結論である。

2017年、拙著『売れるまでの時間―残り39秒』を世に送り出した。

私がこの本を書いた理由は、法廷臨床心理士（犯罪者更生や交渉の専門家）として、3000人の〝生き死に〟の現場に立ち会い、「ひと言で世界を変える」と知ってしまったからである。

「生き続け、幸せを感じ、感謝される生き方」という簡単に売れるべき〝商品〟が犯罪者に売れなかった経験、そしてそれを数秒で買いたくない（死にたい）人に買わせた（生きたいと思わせた）体験から、私はセールスを真剣に考え始めた。

「どうやったら最も効率よく、この人たちをクローズ（説得）できるだろうか？」

そして今、自分の中で形をなし、研究を始めてから10年の歳月が流れた。

この間、世界各地、日本全国で多くの人たちと出会い、セールスの現場での実践やフィードバックを通じて、私自身も多くの学びを得ることができた。

この理論を伝える研修や合宿を続けてきて、いまでは600人以上の方々の訓練に立ち会い、平均して12～20倍の売上をつくれるようにトレーニングしてきた。

なかには70年分の売上を4日で上げる個人、初めて800万円を稼ぐことができたシングルマザー、1週間で今までの4半期分を売れるようになったスタートアップ企業、中国や中東へと進出するきっかけとなった農家の人たち、400億円以上の出資を獲得したブロックチェーン会社などなど、さまざまな結果を目の当たりにさせていただき、データを取り続けることができた。

この10年間で、ビジネス環境や消費者の行動は劇的に変化した。

デジタル化の進展、SNSの普及、そしてパンデミックによる生活様式の変容など、私たちを取り巻く環境は、日々進化している。

しかし、どれほど時代が変わろうとも、人間の「心」を動かす原理原則は不変である。

私が提唱してきた最高のセールスシステム「39ピッチ」は、まさにその普遍的な人間心理に基づくセールス手法として、多くの方々に支持されてきた。何より、卒業生の多くがパンデミック時にインバウンド事業の人たちでさえ、売上が変わらなかったか、さらに上げることができたという報告を受けたことは私の誇りである。


今回、『売れるまでの時間―残り39秒』が新装版『脳が断れない！無敵のセールスシステム』として再出版されることになった。

嬉しいことに、2017年に出版されたときより、このシステムの大事さ、有用さをより深いレベルで理解していただけるようになり、経営者や起業家、営業マン、専門家の方々と議論を交わす機会や、そうした人たちからの応援を受けとっている。

それは研修という形で実践データを集めることにもなり、最初の本では書ききれなかった、このシステムの強調すべき点にも気づくことができたのだ。

新装版が出版されるのを機に、本システムを実践して爆発的な成果を得た人たち、それこそ、本当に「無敵」になった人たちが、どういうふうにこの本を読んだかをご紹介したいと思う。

Chapter 1が教えてくれるのは、「在り方」の大事さである。

もし、決断するまでの時間が短いのであれば、セールストークも台本も関係なく、基本的にはその人物がどんな人なのかが、最も影響があると読み解ける。

日本を代表する世界一の営業の方々を研究した結果、わかったことが、「トッププロは、セールスを元来の意味『サービス』としてセールスを行っている」ということだ。

お客様が買うか買わないかの決断を、「簡単にさせてあげる」つまり「買わせてあげること」をしているのだ。

「売りつける」でもなく、「買っていただく」でもなく、「買うお手伝いをする」。

「セールスとは助けることである」――これを理解しながら読むと、Chapter 1をより深く理解することができる。

Chapter 2が教えてくれるのは、
「CQ（Curiosity Quotient／興味指数）」
という指数のことである。

「EQ（Educational Quotient／教育指数）」とは別の指数で、影響力や説得力、当然、営業能力が「健全」に高い人はCQが高い。「お客様」つまり目の前の人に興味を持ち、より理解しよう、知ろうとする努力をしていることがわかっている。

方法論はいろいろあるが、ここでは「アマサイ」という決断の科学の理論を利用する。

社会心理学の「返報性の原理」とは、

「相手にやってもらいたいことがあるなら自分からやれ」

という法則である。

つまり、お客様があなたの商品・サービス、あなた自身、あなたの会社に興味を持ってほしかったら、まずは自分から興味を持たないといけないということである。

Chapter 3が教えてくれるのは、「行動経済学」――「ニューロマーケティング」のビジネスにおける究極の到着地点。

何もしていないけど、お客様が価値を高く評価してくれて、容易に簡単に素早く買ってくれる、ということだ。それは「ブランディング」以外、あり得ない。

「ブランディング」とはビジネスにおける資産であり、育てるものであり、セールスのやり方次第では簡単に崩れるものでもある。

自分、自社、自分の商品のブランドイメージにあったセールスこそが、将来の自分を楽にさせてくれる。

値引き戦略や何かしらの強制力を働かせたり、騙すように買わせる方法は、長期的な繁栄にはつながらないのである。

Chapter 4が教えてくれるのは、「優れたマーケッターは、すべて優れた営業マンである」

ということだ。

マーケティングで行わなかった怠慢は、営業でカバーしたり、フォローしたりしなければならない。それが、営業自体をひどく効率の悪いものにしている。売れるまでに時間がかかるという結果をつくっているわけだ。

日本企業の多くは、とくに中小企業、零細企業、個人事業主に分類される人たちは、ブランディング、PR、マーケティング、セールスを、一貫性のある流れとして考えていない。その結果、売るのが困難になるか、非効率的なものになってしまっているか、ということになる。この章は、マーケティングと営業の関係性を健全に考えることのできるものにしている。

Chapter 5が教えてくれるのは、「脳みそは、すべての感覚で情報を仕入れるのが一番わかりやすい」ということだ。これは教育科学、教育心理学で証明されていることである。

脳みそは「わからない」という状況になると、決断をすることができない。

つまりは、買わない。

私たちの落ち度は、自分たちの脳みそも五感すべてを使って情報を渡してくれることがベストなのにもかかわらず、自分の好みを優先する点である。

これが、すべての人の影響力と営業力を落としている結果になる。

簡単なニューロマーケティング的なテストとして、もし、あなたのトークをあなた自身が聞いて、脳内でイメージが湧かないのだったら、それは悪質なセールストークであったとわかる。

この章は、あなたの五感を刺激する能力を上げる。アイデアが出ないという人に、とくに読んでほしい章になっている。

最後に、何千種類、何万回もの営業トーク、プレゼン、ピッチを聞かせていただいて、それに対しての分析やフィードバックを渡す、ということをやってきてわかったことは、大抵のトークもプレゼンも、会議も会話も、すべてがファーストインプレッション——最初の数十秒で、そのよさが決まってしまうということである。

フラクタル幾何学では、たとえば一つの木から森林の全体図を予測できるように、「ホログラフィックプレート」が一つのかけらで、全体図（ホログラム）を写し出すことができるのと似ている。

最初の数十秒で全体図をまとめて売れない人は何をやっても売れない、または健全に売り続けることができないことがわかったのだ。

ゆえに、Chapter 6では、営業プレゼンやトークの残りすべての質を決めてしまいかねない、「39ピッチ」のつくり方を紹介している。

これをしっかりと制作して改善、自分のものにした多くの読者から、売上が増えたとか、「自分の商品単価を上げることができた！」という感謝のメッセージが届く。著者として、これほど嬉しいことはない。

「39ピッチ」の効果は100％保証できる。引力や熱力学のような科学だからである。

だが、多くの人はやらない。

やらない理由は、3つある。


一つめは、セールスやお金に対しての恐怖。

この恐怖に負け、本を買っても読み切らない。

二つめは、「不自然」であり、「違和感を覚える」から。

誰もが多かれ少なかれ「39ピッチ」を自然の会話の中で行うのだが、意識して行うことがない。ゆえに、〝瞬きはできるのにウインクができない人〟のようになる。

そして、練習をせずに実践しようとする悪い癖がある人は、それで失敗したとき、「ウインク（という技法）はうまくいくものじゃない！」

と不思議なことを言い、やめてしまう。

三つめは、そもそも試そうとすらしない。


だが！

いままで通りでは、いつまでたっても、いままで通りの結果しか、もたらされない。

いま、まさに私たちは新しい時代に生きています。

この無敵のセールスシステム、そしてその要となる「39ピッチ」をマスターして、よりよい未来をつかみ取ってください。

セールスの未来、日本の未来、世界の未来を共に創造していきましょう。

遠藤K・貴則

Contents

Chapter

2 お客様は4つのタイプに分類される

Chapter

3 あなたを一流の「ブランド」にする方法

Chapter 4

「売れるマーケティング」のウソとホント

Chapter
5 相手の五感を自在に刺激する

Chapter 6

「39ピッチ」をマスターせよ

本書は２０１７年に出版された『売れるまでの時間―残り39秒』の新装版です

脳が断れない!

無敵のセールスシステム

ブックデザイン＝福田和雄（FUKUDA DESIGN）
本文内図版作成＝池上幸一

Chapter 1

最強のセールスシステム「39ピッチ」とは?

□あなたは〝もう〟売れている

私がセールスシステム「39ピッチ」を指導するときによく聞くのが「私は別にセールスなんてしていませんよ」というセリフだ。

または「私には売れません……」というセリフ。

ところが現実は違う。あなたは〝もう〟売れている。

「えっ？　どういうこと？　だったらこの本を買ってないよ！」

という声が聞こえてきそうだ。ごもっとも。でもじつは脳科学的・心理学的に「39ピッチ」をあなたはすでにおこなっている。ただそれに気づいていないだけなのだ。

たとえば、あなたは友達にものやお金を借りたことはあるだろうか？　仕事場に休みを申請したことは？　家族に何か頼んだことは？

これら**すべての「頼みごと」はセールス**である。ただあなたが想像しているセールスと違うのは、お店で販売員が売るようなセールスではないということ。

つまりこの場合、あなたは「お金」ではない何かを交換しているということになる。別にセールスはお金と交換しなくてもいい。あなたが何かを要求し、何かと交換しているのなら、そこに「売りこみ」が発生している。

つまり私たち人間は毎日セールスをおこなっているのだ。そしてそれを意識的に毎回うまくやる人と、ランダムにたまにうまくいく人に分かれているだけだ。

ここでショックなことをお伝えしよう。

セールスができない人間は生きていけない。

なぜなら私たち人類はおどろくほど弱く、他人に頼らなければ生きていけない生き物だから。私たちは生まれたときから「誰かに何かをしてもらう」というセールスをおこなっているのだ。

人は自然体ならばセールスがうまい。

問題は会話中に不自然になって、相手に「買わせてあげていない」という〝決断の邪魔〟

をしていることだ。

ニューロマーケティング（脳科学マーケティング）という分野をご存じだろうか？

私がその分野から学んだことは「脳は一定の条件をクリアしないと、買うという決断をしない」ということ。

脳は混乱、長考・無関心になると決断をしない。

つまり通常のセールスピッチ（営業トークのこと）は、相手にとって不明確で複雑でつまらない。

これらを解決したならば、お客様の脳はスムーズに買ってくれる。

「39ピッチ」の大前提は、相手に感謝し、されること。

売る目的で会話に挑むのではなく、相手に興味を持ち、相手の助けになるための自然な会話をしていれば、普通に売れる。

相手のことを本気で助けようとする自然な会話ができるなら。


「39ピッチ」ワンポイントアドバイス 01

売るためには自然な会話を心がける

□ 相手があなたの言葉に耳を傾けているなら、すでに売れる状況である

自然に売れている状況には、常にあるものが3つある。

①「TRUST（信頼）」
②「TIMING（機会）」
③「TROUBLE（苦悩）」

この3つだ。

信頼がなければ売れない。

タイミングが合わなければ売れない。

苦悩と思えるほどの問題があり、それを認識していなければ売れない。

相手があなたの言葉に耳を傾けているなら、すでに売れる状況にいる。

それにも拘らず、あなたはそのチャンスを無駄にしている。

今この本を読んでくれているあなたは、きっと信頼関係のない人と商談はしないし、空気も読める人で、相手の問題を本当に解決したい人なのであろう。

何よりすばらしい商品・サービスを提供していると想像できる。

しかし注意してほしい。


よい品であることは「売れる条件」には入らない。


売りやすい、紹介しやすい要因にはなるが、それ単体で売れるわけではない。もし高品質のものが自然と売れるならば世界は日本製品だけであふれているはず。

商品・サービスがすばらしいものほど自然と売れない。

なぜなら商品開発とサービスばかりに時間と労力と人材と資金を投資していたら、ブランディング、広報、マーケティング、セールスにはまったく使えないから。

これこそ〝売れない良品〟の典型的な方程式である。

なので、この本を読んでいるあなたは、すばらしい商品・サービスが日の目を見るのに貢献していると覚えておいてほしい。

ここで伝えておきたい。

だからこそ「許可なく売らないでほしい」と。

別に法律的な許可の話をしているわけではない。

当然それも大事だが〝会話のなかでの許可が必要〟という意味だ。

あなたは許可なく売ってくる人に出会ったことはないだろうか?

俗に言う「セールスマン」のイメージの人たち、または繁華街の客引きのような人たち、いきなり売りこみを始める人たち、会話に〝売りこみ臭《しゅう》〟が激しくする人たち……。

相手に許可なくセールスをおこなうと、ニューロマーケティングでいうところの「広告拒否」が起きる。

ちなみに**広告拒否とは、相手が無意識にあなたを拒否する行動をとる状態**のこと。

では、許可とは何か?

「何をしている人なんですか?」

「ここ最近本当に△△（本心の問題）があって大変なんですよ〜」

「□□（解決案）があったら助かるんですよね〜」

これらのどれかを相手が言う、または相手から引き出したなら「39ピッチ」を放つ準備ができた証拠である。

共通点は、あなたに興味を持ったと知らせる質問を相手がしたこと。

許可があるならば、あなたはセールスピッチを言える。

ただそのピッチに時間をかけることは絶対にできない。


「39ピッチ」ワンポイントアドバイス 02

許可なきセールスピッチは、セールスピッチにあらず

□ 0・3秒で決断する世界

人間の脳（無意識）が決断をするまでの時間は0・2〜0・4秒だと言われている。

私たちが思うよりも早く、人間の脳は「YES」か「NO」かを決めている。

それを意識的に理解するまでの時間がかかるだけ。

では、決断の決め手になるのは何なのか？　それはノーベル経済学賞も受賞したダニエル・カーネマン博士が言う**「システム1」の脳**。

短絡的で怠惰《たいだ》な脳ということだ。

つまり、ここに相手を維持させ続けることができるならば相手は素早く買ってくれる。

ちなみに「システム1」と「システム2」の脳とは何なのか？

あなたの目の前にエンピツとノートがあるとする。

2つの合計は1100円。

ノートはエンピツより1000円高い。

では、エンピツの値段は?

この質問を多くの人にすると「100円」と答える。

これは「システム1」の脳である。

答え:エンピツの値段は50円。ノートは1050円

こんなシンプルな質問に対してエラーを起こすのが私たちの「システム1」という脳。

シンプルに選択をしたい脳である。

もう1つ、この「システム1」「システム2」の脳について私が講演会で話す例がバンジージャンプである。バンジージャンプをするときにやりやすいのは、何も考えず、スタッフの準備が整い、GOサインが出たらまるで歩くように自然と落ちることである。

これは「システム1」の脳が行動を起こしている状態。

だが1度でも立ち止まり下を見たならば、脳は「システム2」になる。つまり**「システム2」の脳は、長考する脳**である。そして恐怖と不安が掻《か》き立てられていく。

これは購買時も一緒である。

お客様が決断をする瞬間、不安や恐怖を持っていたら一瞬にして「システム2」の脳になり、長考、混乱、無視のどれかをし始める。

「システム2」になったら最後、お客様の疑問を解消するまで、つき合わなければならない。ちなみにその問題を解消する時間すらめんどうくさいと思うお客様もいて、商談が決まらないことも多々ある。

普通のセールストークが長くてダメな理由の1つは、お客様の脳を「システム2」にさせすぎているということである。

「39ピッチ」ワンポイントアドバイス 03
お客様の脳を「システム2」にさせない

□購買＝セールス（×マーケティング×ブランド）

セールスとはクローズにあり。

クローズとは「成約」のこと。最後に「やります！」と決めるその瞬間のことである。

つまりそれ以外はセールスではない。

これを知らずにセールスをおこなおうとすると難しくなる。

それは前段階を飛ばして、いきなりクローズしようとするからである。

セールスを楽にする秘訣は「マーケティング×ブランド（PR）」にある。

39秒でブランド、PR、マーケティングがおこなうべきことすべてをやろうとしても、それは非現実的である。

しかしもし仮にこれらがしっかりしていれば、39秒以下で購買が完了する。

超一流と呼ばれるブランド商品の店に行ったことはあるだろうか?
ロレックスやルイ・ヴィトンなど……そこの販売員はほとんど営業をしない。
カスタマーサービスはおこなうが、営業をする必要性がないからである。
たとえば、ロレックスの営業の場合、こうである。

①お客様が店に入ってくる
②店内を見て回る
③気に入った商品があるので立ち止まる
④店員は「おつけになりますか?」と聞く
⑤「いいんですか?」「いいんです」のやり取りをする
⑥お客様は時計をつける
⑦「お似合いですよ」と言う
⑧購買

実際にここまで簡略的なやり取りではないにしても、流れはこんなものである。
営業が本当にしゃべらないといけない言葉数もこれくらいである。

なぜロレックスはこれが許されているのか？
それはブランド力、それを手に入れるためのＰＲとマーケティングがあるから。
これらについては第3章で説明したいと思う。

「39ピッチ」ワンポイントアドバイス 04

セールスとはクローズのことである

□ なぜ39秒なのか?

39秒あれば脳には売れる。

39秒あれば脳が「YES」と言う。

いや、むしろ私たちは39秒で売らなければならない。

なぜか?

私たちが興味あるかどうか、集中し続けるかどうかを決める時間は、たった8秒だと言われている（参考：McSpadden, 2015)。

そして短期記憶は18秒しかもたない（参考：Revlin, 2012)。

さらに無意識で決めた決断を、意識的に認識するまでにかかる時間は7~10秒かかる（参考：Soon, Brass, Heinze, Haynes, 2008)。

これらの研究と実践の結果をまとめたのが「39ピッチ」だ。

30秒↓お客様にクロージングする訴求の時間
9秒↓お客様に考えてもらう間《ま》の時間
合計して39秒。

その時間で買い手に確実に決めてもらうシステムが「39ピッチ」なのである。

「39ピッチ」ワンポイントアドバイス 05

30秒以上の会話のほとんどは、覚えようとしなければ覚えない

□ 39ピッチの「4つの力」

「39秒で決める」ためには、どのような力が必要なのか。
そのポイントは次の4つだ。

(1) 誰もが認める実績
(2) セールスへの恐れの解除
(3) 相手が目を離せなくなる表現
(4) 結果へのコミット

それぞれ順を追って見ていこう。

（1）誰もが認める実績

誰もが認める実績は人を安心させる材料となる。

脳科学的に、素早く安全な決断をするには、明確にその商品または人を「大丈夫」「安心」と思わせなければならない。

ちなみに実績とは〝実際に売れている〟ということ。

まったく売れていないもの、まだ世に出ていないものを売ることもできなくはない。

この本の最初で言った通り、あなたはもう売れているのである。

しかし実績がない商品を39秒で売ろうとした場合は、商品よりも「売っている人間の信用＝実績」で売るということになる。

たとえば、あなたの友人が薦めた商品や、圧倒的な社会的信用を持つ人物（有名人や偉人）が推薦する商品など……短時間のセールスをおこなうには実績を十分に高め、その実績を力に王手をかける必要がある。

つまりその商品・サービスについてまったく認知されていなければ、まずその認知を一定レベルに上げていくことが必要であり、その認知が高ければ高いほど、それはブランド力が高いということになる（詳しくは第3章で語る）。

（2）セールスへの恐れの解除

セールスへの恐れの解除なしに、うまく何かを売ることはできない。

「嫌われること」「失敗すること」の恐れがある限り、あなたは買い手ではなく自分自身に集中し続ける。この状態で何かを買ってもらえるのは稀《まれ》である。売れるとしても売り手と買い手のやり取りがほとんどない「寄付」や「少額の消耗品」である。

セールスすることが怖いという人は多い。

このような気持ちは自分自身で排除し、自分自身を恐れの呪縛《じゅばく》から解放しておかなければならない。しかしひとたびその気持ちを解除できると「ただ、がむしゃらに売りこめばいい」や「顧客と共感すればいい」などとだけ考える人もいる。

しかしそれは間違いだ。

そのような「○○すればいい」といった単純なものではなく「自分の持っているアイデ

アを強いインパクトで提供する」という気持ちを持つことが大切だ。
買い手は売り手の自信を買うのである。

(3) 相手が目を離せなくなる表現

相手が目を離せなくなる表現をしなければ意識してくれないし、記憶にも残らない。ほかの有象無象《うぞうむぞう》と同じと思われた時点で、脳の「システム1」には「無視してOK」と言われてしまう。新しいものにあふれている現代では、とくに脳の意識を向けさせるのには工夫が必要となる。

39秒の最初の段階で、お客様の注意を一瞬にして喚起しなければならない。

要は、目覚めさせるのである。

お客様は購買に際してさまざまなことを考えているものだが、それをいったん断ち切り、注意を引くのだ。

保険のセールスなら、

「本日ご紹介する商品は……」

というありきたりなものではなく、

「本日は、あなたの命を救う商品をお持ちしました!」

などが有効であろう。

あなたの発する最初のひと言でお客様の脳を覚醒させ、39秒で購買を決定してもらうと考えるべき。だから、ありきたりな挨拶や自己紹介からセールストークが始まってはいけない。ここで述べたような発想から生まれた表現に、お客様は目を離せなくなり、それが「39ピッチ」の力となる。

(4) 結果へのコミット

結果へのコミットがなければ商品は売りにくいし、相手も買いにくい。

コミットとは「参加する」「同意する」「責任を持って取り組む」といった意味がある。すなわち結果へのコミットとは「責任を持って絶対に成し遂げる」「商品・サービスを提供する」と誓うということだ。

この気持ちと対応が「39ピッチ」の大きな力となる。

ニューロマーケティングの研究では、業務遂行能力を証明するような発言があると購買率が平均33％上がるとされている。つまり結果へのコミットができる状態で、目の前の39秒に全身全霊を傾けて取り組むことが大切なのである。

これらの4つの力を磨くことで「39ピッチ」が実現できるようになる。

「39ピッチ」ワンポイントアドバイス 06

実績、勇気、表現力、コミットが「39ピッチ」を可能にさせる

Chapter 2

お客様は
4つのタイプに
分類される

□相手を自由に心理分析する方法

買い手に興味を持たなければ、信頼関係は構築できず売買は成立しない。

まず相手に興味を持つこと。

引き出したいことは「相手の性格」と、それをつくり上げる「価値観」にある。

「39ピッチ」では、「30秒の話し方・9秒の間の持たせ方」が重要である。

そしてその「話し方」を、相手の性格によって変えることがポイントとなる。

これができれば、あなたの売上が700%は上がる。

ゆえにピッチをおこなう前に、目の前の人物の性格のタイプを大まかに把握してほしい。

人は、普通は自分のタイプでしか話すことができないものだが、**少し注意を払うことで相手のタイプに合わせて話すことができるようになる。**

そこでまず、自分はどういう性格のタイプに当てはまるかを考えてみよう。

心理学の研究では昔から性格判断がおこなわれてきた。無限にある種類の性格を目的に合わせて分類してきた。

たとえば心療目的なら10項目で診断する「MMPI-Ⅱ」や、ビジネスで仕事の得意不得意を診断する「16種類性格診断」、恋愛では5項目での診断など……。

この章での目的はお客様を「システム１」の脳に維持するための、簡単で短く素早い決断をするときの性格診断である。

どういうふうに我々はものごとの善し悪しを決めているのか？

「お客様に価値を提供しろ」と言われるが、何が価値あるものと私たちは判断するのか？

すべては私たちの価値観にあり、それらは次で説明する「裏表×４つのタイプ」で分けられる。

「39ピッチ」ワンポイントアドバイス 07

性格診断は目的に合ったものを使う

□「アマサイの法則」──最強の購買性格診断法

この法則を理解すると、どんな人も今の7倍は売れるようになる。

私たちは〝自分に似ている人〟としか意気投合せず、成約までもっていけない。

あなたにも経験があるのではないだろうか？　初めて会ったのに会話がスムーズで、まるで考えていることを理解し合って、うなずき合うような関係を。

それはあなたと相手の性格が「決断」という分野で一緒だったからである。

買う決断をする気はどうやって出るものなのか？

行動及び脳神経心理学的に言えば「快楽を得ようとする」場合と「痛み（恐怖）から逃れる」ために人は行動する。ではどんなことに快楽を感じ、どんなことを痛みと感じるのか？

それは今から説明する性格診断で知ることができる。

それが「アマサイの法則」だ。
「アマサイの法則」とは、人間を4つのタイプに診断する購買性格診断法である。
その前に、この**4タイプには「表タイプ」と「裏タイプ」がある。**
ここではまず、あなたが「表」なのか「裏」なのかをチェックしてみよう。
突然だが、以下の質問に答えてほしい。

今、あなたは100万円の札束をポケットに入れて、暗い夜道を歩いています。
ここで窃盗に遭い、100万円を失う確率は高いが、どれくらい高いかは不明。
そこで私に出会い、私はあなたに2択を出します。
【2択】
(A)→今ポケットにある100万円を100%守る方法
(B)→100万円をさらに100%増やす方法

さあ、あなたならどちらを選ぶだろうか？

（A）を選んだあなたは「アマサイの法則」で言うと、現状では「裏」タイプ。

守備的な取引やお金の使い方をする人ということになる。

経済的ピンチや借金があるときに輝くタイプ。

危機回避能力に優れている。

会話のなかでは商品・サービスが解決してくれる【問題】を伝えるのが上手。

つまりお客様の問題を発見するのに優れている。

もしお客様が「裏」タイプならば、安全性、確実性を重要視し、自分たちの問題について理解を示してくれる営業マンを好む。

（B）を選んだあなたは「表」タイプ。

攻勢的な取引やお金の使い方をする。

経済的余裕があるときにチャンスが舞い降りた瞬間に輝くタイプ。

機会発見に優れている。

会話のなかでは商品・サービスが提供できる【価値】と【未来】を伝えるのが上手。

つまりお客様の願うものを発見するのに優れている。

お客様が「表」タイプならば高品質、高リターンを重要視し、自分たちに価値を提供してくれる営業マンを好む。

訓練と予備知識なしでセールスをおこなうと、どうしても【問題】に注目するか【価値】に注目するかのどちらかしかしない。

ゆえにお客様は、

(A) 問題は理解できたが商品の魅力を感じない

(B) 商品はいいとわかったが、自分にどう関係し何の問題を解決してくれるかわからない

のどちらかになってしまう。

さらに「表」「裏」があるうえで、人は次で説明する4つのタイプによって「何をもって成功しているか」を判断する。

人間は「システム1」の決断(素早い判断)をおこなうためのショートカットとして「価

値観」を使い、自分に合っているのかそうではないのかを判断する。

価値観とは、その人にとって価値を感じるかどうか。

もらってうれしいか？　失って悲しいか？　を決める。

それを理解してもらったうえで、次の4タイプに自分がどう当てはまるかを見ていってほしい。人の価値観をビジネスと購買的に使えるように、私は「アマサイの法則」を便宜上4種類に分類している。

（1）アクティブタイプ
（2）マネージタイプ
（3）サービスタイプ
（4）イノベートタイプ

この性格を4つのタイプで類型化する法則。

それぞれの頭文字をとって「**あ！　マサイの法則**」と覚えるとよい。

ちなみにこれらのタイプは複合的でもある。

「ほとんどアクティブタイプだけど、少しサービスタイプも入っている」

「いつもはサービスだけど、イノベートの要素もあるな」

といった具合だ。

そのうえで【価値】を重要視した「表」タイプなのか、【問題】を重要視した「裏」タイプなのかに分かれる。

自分の会話でのクセを理解し、お客様は何を重要だと感じるのかを知らなければ、噛み合った会話はできず商談は破談する。

さて、次の項目からは4つのタイプの特性をそれぞれお伝えしていこう。


「39ピッチ」ワンポイントアドバイス 08

あなたとお客様は「表」「裏」どちらのタイプ?

□アマサイの法則【タイプ①】アクティブタイプ

アクティブタイプは営業職やマーケティングをやる人たちに多いタイプである。

迅速な「行動」が何より大切と考えるタイプ。

ワクワクすることを好み、高揚感に包まれて行動することを望むタイプといってよい。

アクティブタイプの会話は即決を重要視し、直感を信じた買いものをする。

成功の尺度は〝どれだけ早く結果を手に入れたか〟である。

「表タイプ」のアクティブは「自由」「高速」「高級」「興奮」「非日常」などを得ようとする。

「裏タイプ」のアクティブは「束縛」「遅滞」「低級」「退屈」「平凡」を回避しようとする。

身なりは高級ブランドやオーダーメイドの服を好んで、基本的にはオシャレである。あなたにブランド力があれば、マーケティングなしでも買ってくれる人物である。買い方は高単価一発勝負。保証やサンプルは欲しがるが、それでも松・竹・梅があったならば迷わず「松」を選ぶタイプである。

私は「光るもの症候群」と呼んでいるが、このタイプには最もその症状が見られる。あなたの商品をほめちぎっていて、友達に自慢していたと思っても、光るもの（別のいい商品や流行品）を発見したらすぐにそっちに行ってしまう。

つまり、ファンとして長くつき合うお客様になりにくい。アクティブタイプのお客様を目の前にしたら、できるだけボディランゲージと擬音を使い、買うべき理由を強調してすぐ契約させてあげよう。基本的に買ってから詳細が気になるタイプである。

「39ピッチ」ワンポイントアドバイス 09

アクティブタイプは「保証」さえできれば買って試してくれる

□アマサイの法則
【タイプ②】マネージタイプ

マネージタイプは企業の管理職に多いタイプ。

システマティックにものごとを考え、広い視野で、たくさんの要素からものごとを捉え、戦略を立てていく。戦略や予測を立てて売りこんでいくタイプということができる。

マネージタイプの会話はプロセスを重要視し、予測を信じた買いものをする。

成功の尺度は〝どれだけ多く広く結果を提供できたか〟である。


「表タイプ」のマネージは「安定」「計画」「証明」「システム」などを得ようとする。

「裏タイプ」のマネージは「不安定」「無計画」「無根拠」「ランダム」を回避しようとする。

身なりはしっかりとビジネス、ビジネスカジュアル、正装など、場面に合った無難で機能性のある恰好を好む。

このタイプのお客様にはブランド力、社会的信用のほうが、マーケティング（教育）より重要である。

だが、マーケティングも多少なりともおこない、商品・サービスが何をしてくれるのか明確にわからないと納得してくれない。

マネージタイプと話をするときは、できるだけハッキリと言葉が明確に聞こえるように話すと好印象を与えられる。


「39ピッチ」ワンポイントアドバイス　10

マネージタイプには
商品・サービスが「何」なのかをハッキリと言うことがベスト

□アマサイの法則【タイプ③】サービスタイプ

サービスタイプは人に喜んでもらうことをベースにものごとを考えるタイプ。医者や弁護士など専門職に多い。満足、貢献、自然、愛、人の絆といったものに包まれることに価値を見出す。企業ではカスタマーサービスやお客様と接することが多いポジションについている。サービスタイプの会話は人間関係を重要視し、絆の強さで買いものをする。成功の尺度は〝どれだけ満足していただけたか〟である。

「表タイプ」のサービスは「協調」「貢献」「意義」「倫理」などを得ようとする。

「裏タイプ」のサービスは「孤独」「自己中心」「無意味」「反社会性」を回避しようとする。

身なりは自分らしさと温かみを大事にし、人が安心するような恰好を好む。

このタイプのお客様には、マーケティングを通した人間関係の構築が大事であり、ブランドは買って好きになってから意識し始める。

マーケティングでもセールスでも、どうやって商品・サービスを使うのか？　そして買うのか？　が明確でないと買わないタイプ。

サービスタイプと話をするときは、ほかのタイプ以上に感情と感覚を大事にしなければならない。最終的に「感じないから買わない」と言われる場合もある。

ストーリーや感受性を最も大事にするタイプである。

一度顧客になると、人を紹介してくれたり、長くつき合ってくれるタイプでもある。


「39ピッチ」ワンポイントアドバイス　11

サービスタイプには自分（自社）のミッションがどう社会に貢献するのかを語るのが重要

□アマサイの法則
【タイプ④】イノベートタイプ

イノベートタイプは研究職、エンジニアなど、データを大事にするタイプに多い。

イノベートタイプに売るときはデータをもとに売りこんでいく。

新規性、効率、科学、ビジョンといった価値観を持つ。イノベートタイプの会話は〝どれだけ新しいか、前よりいいか、効率的か〟という価値観で成功を測る。

「表タイプ」のイノベートは「理論」「科学」「真実」「スキル」を得ようとする。

「裏タイプ」のイノベートは「非理論的」「非科学的」「ウソ」「低能」を回避しようとする。

身なりは気にせず、機能的であれば何でも着るタイプである。

イノベートタイプのお客様には、マーケティングを通した徹底的な教育と情報提供が大事である。マーケティングでもセールスでも、イノベートタイプの「もしも……？」に答えられなければならない。つまり「商品・サービスにもしも○○が起きたら？」などの質問に答えてくれる体制がなければ買わない。

イノベートタイプと話すときは、ほかのタイプ以上に情報を重要視する。しかも、すべての情報を叩きつけるのではなく、欲しいと聞いた情報だけ選抜して提供する必要がある。

イノベートタイプは自然と「システム2」にいることが多いタイプなので「詳細はマニュアルがあります」「後日説明会があります」など、質問に答えられる場があることを教えて、その場で「システム1」にさせないと売れない。

イノベートタイプは買うか、買う状況で目の前に立っている状態になるまでの時間はかかるものの、一度納得させるとあなたの商品・サービスを一生使い続ける確率が高い。

「39ピッチ」ワンポイントアドバイス 12

イノベートタイプには質問に答える準備があることを伝えるのが必須

□ 売る相手は「ア→マ→サ→イ」の順で！

それぞれのタイプの特徴をある程度ご理解いただけただろうか。

お金を落としてくれるという観点から見てみると、（1）アクティブの人が最も成約が早く、次に（2）マネージ、（3）サービス、そして、（4）イノベートという順だ。

ただしイノベートは、一度お客様になってくれれば一生固定客となってくれやすい。

初期の資金が手に入りやすいのはアクティブタイプで、後々まで運転資金を手に入れるにはイノベートタイプがよいということも考えられる。

生涯顧客価値はどのタイプもじつはほとんど一緒であるが、ビジネスの観点からは「ア→マ→サ→イ」の順番に売っていくのが無難である。

個人事業主や1人の営業マンとしては、自分と同じタイプに売りに行くのが最も簡単である。あなたが「表タイプ」のマネージなら「表タイプ」のマネージの人物に売ろう。

家族関係や恋愛も同じタイプのほうが喧嘩をしにくい。俗に言う「価値観の不一致」がないからである。

しかし、まったく違うタイプはうまくいかないのかと言ったら、そうでもない。

お互いの価値観（ルール）を理解して行動すればいいだけである。

価値観の違うタイプ同士はうまくいけば、その2人で行動するときの柔軟性や創造性は同じタイプ同士よりもあるので、一概に「同じタイプ同士＝いい」とも言えない。

アマサイの法則を理解すれば、どうお客様に話せばいいかわかる。

何より今まで使ってきた言葉だけで売れるお客様はごく少数であることがわかり、価値を理解してもらえる機会を増やすことが可能になる。

相手のタイプがわからなければ、全部のタイプに響く話し方も可能である。

要は「ア→マ→サ→イ」の順番に価値観を刺激して話をするだけだ。

このサイクルを「アマサイロール話法」と呼ぶ。

この法則と話法を活用していくことが「39ピッチ」では重要なポイントである。

注意点としては、この話法の活用では先入観を持たないこと。

見た目はなんとなくイノベートタイプだと思っても、何かものごとを決める際にはアクティブタイプになったり、基本はサービスタイプであったりするケースもある。


「アマサイロール話法」について実際にあった例を紹介する。

友人が投資家たちから融資をもらう機会があり、私が「アマサイの法則」について話したら彼は興味を持ってくれた。

そしてプレゼン（ピッチ）当日、彼は8人いる融資希望会社の7番目だった。

もうすでに彼の前に6人のプレゼンを聞いたあとで、投資家たちが疲れているだろうと判断した彼は、場を和《なご》ますため投資家に性格診断ゲームを提案した。

もともと**彼が準備したプレゼンはマネージ、イノベートに響くタイプのものであったが、診断結果は投資家全員が「表のサービスタイプ」**というものであった。

彼はその結果を受け、急遽プレゼンの内容を変えた。

静かにラップトップを折りたたみ、プロジェクターの電源を落とすと、起業した理由やミッション、パッション、どう社会に貢献していきたいかを話し始めた。

その結果、8社中唯一融資を受けられ、何より来ていた投資家全員から融資をもらった。

融資枠は総額3億米ドル（当時の日本円にして約350億円）。

当然「そんなに必要ない」とあせったそうである。

「39ピッチ」の実際の場面では、瞬時に相手を判断して対応することが大切だ。

4つのタイプを組み合わせて対応できるように用意しておきたい。

「39ピッチ」ワンポイントアドバイス 13

「アマサイロール話法」を駆使せよ！

◆まとめ「やってみよう！」

【診断1】どちらかを診断する
「表」タイプ
「裏」タイプ

【診断2】どれかを診断する
（1）アクティブタイプ
（2）マネージタイプ
（3）サービスタイプ
（4）イノベートタイプ

あなたはどのタイプ？
そして、あなたのお客様は？　普段の言動や仕事などから診断してみよう

Chapter 3

あなたを一流の「ブランド」にする方法

□ 自分がブランドになれば、売ることは劇的に楽になる

まず、次の質問に答えてもらいたい。

・ムダな努力を減らしたいですか？
・収入を上げたいですか？
・効率よく人々に商品やサービスを提供したいですか？
・利益を爆発的に上げたいですか？
・人に喜ばれたいですか？

多くの人が「ＹＥＳ」と答えるはずだ。

では、そのとき次のような大きな問題があるとする。

「商品やサービス、またあなた自身を必要としている人が何万人もいるとします。でもあなたには24時間365日しかありません。どうするべきですか？」

この問題に対する答えは「対応する時間を短縮する」しかない。

それが39秒なのだ。

より正確に言うと、お客様が意思決定する時間を39秒与えて、30秒で説明・説得できないような商品やサービスは売れない。

その39秒には「セールス、マーケティング、ブランド」という3つの要素（エリア）があり、そこに次ページのような3つのピラミッド構造がある。

営業マンが汗水流し、必死になってがんばっているのになかなか売れないのは、図のピラミッドの底辺である①や②が十分ではないからである。これをまず理解しておきたい。

「じゃあ広報（ＰＲ）部と広告部ががんばれよ！」

こう叫びたい営業マンもいるだろう。

「ブランド」が大切

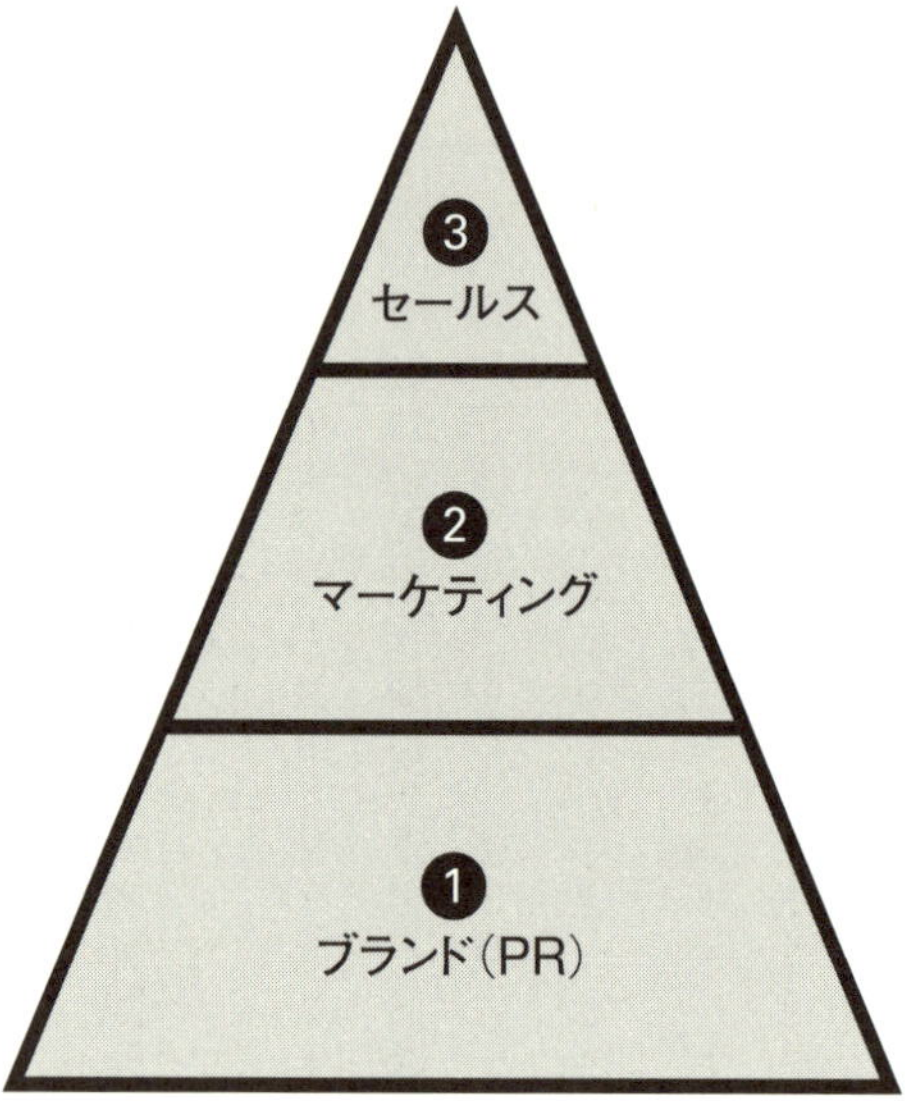

今の時代、誰しもセルフブランディングをおこなう時代であり、自分自身（売り手）のブランドイメージをよくしなければならない。

自分・商品・サービスが超一流のブランドであれば、売ることはとても楽になる。そこでブランドとは何か？　まずその定義から考えてみよう。

「39ピッチ」ワンポイントアドバイス　14

会社のＰＲやマーケティングに頼らず、自分のブランドをつくっていくのが成功の秘訣

□世界初のブランド

世界最古のブランドをご存知だろうか。それは紀元前7～6世紀のリディア王国の「エレクトロン貨」という、人類史上初めて「品質保証」がされた通貨である。諸説はあるが、この古代ギリシャ人の通貨が初めて「ブランドを使った」とされている。

ブランド（BRAND）は英語では刻印や極印を指す。これらの印はその商品・製品を誰がつくったものであり、誰に帰属するのかを証明するものであった。

いつしか「つくり手が一定である＝一定の品質である」と思われるようになり、人は一定のブランドからしか買わなくなった。この発明は画期的ですぐに広まったが、後にコイン（製品）の生産が間に合わずシェアをローマに取られるまで、通貨の市場を独占していた。

ブランドをビジネス辞書で引くと「製品を識別し、競合他社と差別化するイメージを作成する際に使用されるユニークなデザイン、記号、シンボル、単語、またはこれらの組み合わせ」とある。

時間が経つと、このイメージは消費者の心のなかで信頼性、品質、満足度のレベルに関連づけられる（**これをポジショニングという**）。

ブランドは特定の価値を目指すことによって、複雑な市場で消費者が悩まずに決断するのを助ける。ブランドの法的名称は「商標」であり、企業を特定または表す場合はブランド名と呼ばれる。ブランドがあるだけで、あなたが説明したいこと、証明したいことを一瞬でお客様は理解できるようになる。

問題はあなたがブランドとして認識されるのに時間がかかるのではないだろうか？ いや、そんなことはなく、きちんとしたステップを踏めば、あなたやあなたの商品・サービスは相手の脳に記憶されるようになる。つまり、相手の脳に刻印（ブランド）を押せる。

「39ピッチ」ワンポイントアドバイス 15

ブランドはお客様に品質、信頼性、満足度を理解してもらうための目的を持っている

□ブランドとは「保証」である

なぜエレクトロン貨は爆発的に拡散したのか？
当時の人々が持っていた問題は次の2点だった。

(1) いちいちコインを測らないと購買ができないという時間的な無駄
(2) もしかしたら金メッキで鉛が混ざっているコインかもしれないという詐欺の可能性

この問題を解決しているというのが一瞬でわかるように「何オンスのコインで誰がそれを100%保証するのか」を明確にしたのである。

キーワードは〝100%保証〟である。

脳が「システム1」を使った素早い決断をするには、明確に〝安全である〟と認識しなければならない。

そこで必要なのが「100%保証」をしてくれていること。

そしてそれをロゴや屋号を通して教えてくれることである。

え？　ルイ・ヴィトンやシャネルは名称であって、保証ではないのでは？

その通り。

古い会社は年月をかけてブランドをつくり上げてきた。

そして起業当初はライバルが少なかったので、何なのかわかりにくい名前でもよかった。

たとえばカシオの「G-SHOCK」という時計は名称だけで何かしらのショック（衝撃）に関連するのだろうというイメージがわく。

そのうえでCMやPRで「どんな衝撃を受けても100%壊れません」という保証をしていた。当然そこまでハッキリとカシオが言ったことがないにせよ、お客様たちはそう感じたであろう。

当時、あの時計はテレビ番組やCMで「アイスホッケーのパック代わりに時計を叩く」

や「トラックで時計をひく」というものが放送されていた。

私たちは人生において、時計をアイスホッケーのスティックで叩いたり、トラックでつぶしたりはしない。

つまり〝お客様が欲しいレベルの壊れにくさ〟は100%保証されていることになる。

人の脳は商品が高品質であると認識した瞬間、購買率が平均30%上昇する。

ゆえに何かしらの品質に関わった保証が必要となる。

あなたやあなたの商品・サービスは何を100%保証してくれるだろうか？

当然〝ほぼ100%〟でも構わない。

「39ピッチ」ワンポイントアドバイス　16

ブランドとは「何を保証してくれるか」がポイント

□なぜ、あのピザチェーンは「30分以内にお届けします」と保証したのか？

私の先生の１人ロバート氏は３年連続で、あるピザチェーン店を売上世界１位にした。

その彼が教えてくれたのが、あの有名な「30分以内に届かなければ無料」の真実だ。

Q「なぜあのピザチェーンはあんな大胆な保証ができたのか？」

A「半径20分以内で届くところにしか宅配しないから」

こまかい法律的な話を抜きにすると、この理由により保証が可能だったのだ。

今ではそのキャッチコピーを見ないのは、ピザのバイクが宅配中に人をはねて「保証のせいだ」と言われたからだという話がある。

この保証、宅配サービスの業界では誰もがやれたはずなのだが、あのピザチェーン店以外はおこなわなかった。なぜか？　人間は当たり前なことに対してそれを１００％保証するという単純なことに気づかないからである。

たとえば、**あなたの業界で誰もが100%保証できることは何だろうか?**

でもその当たり前は、業界外の人たちにとっては当たり前じゃないはずだ。

私はよくセミナーや企業研修で「売ったことのない人が売れるようになり、売上が爆発的に上昇する」と100%保証している。

これも業界では常識的なレベル。ただほとんどが〝言わないだけ〟である。

この条件つきの全額返金や生涯保証は「リスクリバーサル」と言い、それが保証されなかったら何をするか明言して、お客様が買いやすくしているのである。

なぜ人はこんなシンプルなことをしないのか? 保証をつけないのか?

それは責任を取りたくないからである。しかし、お客様の成功や改善の責任を一部取ることがビジネスなので、しない理由はない。


「39ピッチ」ワンポイントアドバイス 17

あなたが(ほぼ)100%保証できることを書き出そう

□「3つのT」がブランド成功のカギとなる

ブランドのコアとなる保証は「3つのT」から成り立っている。

・時間（Time）
・苦悩（Trouble）
・信頼（Trust）

以上の3つだ。

簡潔に述べると、時間（Time）軸内に、お客様が具体的な苦悩（Trouble）を、解決する保証（Trust）をすること。

心理学で信頼を勝ち取る方程式の1つが「相手に、自分と相手の向かっている目的地（ゴール）が同じであると伝える」こと。解決案の提示とその保証は、ゴールが同じであり、それに100%向かう気があるという意識表明なので、結果として脳は信用する。

掃除機で有名なある家電メーカーは「(半永久的に)変わらない」という時間軸で吸引力が落ちないことを保証し、掃除の苦悩を解決しているということになる。

前述のピザチェーンは、30分という時間軸で商品を届けることを保証している。

牛丼チェーンは「安い、はやい、うまい」ことを、いつでもどこでも保証している。

先に述べたカシオの「G-SHOCK」は、どんな場合でも「壊れない」ことを保証している。

近代のブランディングのカギは、シンプルですぐわかるブランディングである。

これは脳科学的にも「システム1」の脳を維持するのに必要である。

ではどうやってブランドをつくるのか?

そのブランドをつくるためのテンプレートを、次で紹介しよう。


「39ピッチ」ワンポイントアドバイス 18

狙うブランドイメージはシンプルにしよう

□ブランド制作テンプレート

ブランド制作のテンプレートは次の通りである。

（1）ほぼ100％解決できると保証できる苦悩（苦痛、問題）は？
（2）時間軸は？（例：回数、年月日、時分秒、○○が起きたら、終えたら）
（3）万一解決できなかったら、○○します！（何を保証するのか？）
（BONUS）これをつくるにいたった理由（物語）は？

これだけである。

先ほどのカシオの「G-SHOCK」の場合で見てみよう。

（1）ほぼ100%、衝撃により壊れるという問題を解決できる保証をしている
（2）半永久的に保証は守られている
（3）万が一保証期間中に壊れた場合は無料で修理をおこなう

テレビCMでも話題の某フィットネスジムの場合は、

（1）ほぼ100%、体重（体脂肪）を落とし、魅力的な身体がつくれると保証する
（2）2ヵ月で達成する
（3）もし結果が1ヵ月で出なかったら全額返金する

ピザチェーンだったら、

（1）アツアツのピザがいつ届くのかわかることを100%保証する
（2）30分以内に届かなければ……
（3）そのオーダーを無料にする

多くの場合、自分の商品やサービスが、お客様のどのような苦悩を解決できるかについての掘り下げが足りず、またそれを的確に表現することができていない。

先のピザチェーンの場合は「宅配が遅い」という苦悩（苦痛）を解決していると思われがちだが、実際はそうではない。

配達の速度よりも「いつ届くのかがわからないから、家を空けたり、トイレや風呂に入れず困る」というお客様の苦悩を解決していた。

本当の苦悩を理解していれば再度ブランディングをおこなうこともできるようになる。

なぜならピザチェーンは作業工程の見える化をおこない、あと何分でピザが届くかをお客様がわかるサービスを始め、違ったかたちでのブランド維持ができたから。

そしてこういった本質的苦悩・苦痛を解決できればできるほど、ブランドの価値は高くなる。だからこそお客様からいただけるお金の額も高くなるのだ。

もし「生きるか死ぬか」の問題・苦痛を解決できれば、その金額は当然ながら高くなる。

ブランドには、そのような力があることを理解しよう。

「39ピッチ」ワンポイントアドバイス 19

テンプレートに従って、自分のビジネスを書き出してみる

□あなたのブランドの「名称」と「ロゴ」の決め方

では、ブランドの「名称」や「ロゴ」はどう決めるのか？

まず考案したブランドの「名称」をどうやって決めるかを見ていこう。

このときやってはいけないのは、自分の名前を使った名称にすることだ。

「△△遠藤」や「遠藤○○」というブランド名はご法度《はっと》である。

それが許されるのは「トヨタ」「スズキ」「ニトリ」といった、ごく一部に限られる。これらの人々は競合他社の少なかった時代に商売を始めたか、または本人たちが有名で名がすでに売れているからできる。

加えて、昔は覚えやすければよかったのだが、商品、サービス、会社が多くなった現代では、お客様に明確に伝わるものでなければならなくなった。

【ブランド名の決め方】

・苦痛、問題、苦悩に関連する言葉、それらを連想させる言葉
・解決策が明確な言葉
・得たい結果を連想させる言葉

たとえば、「セブン‐イレブン」「24時間フィットネス」などは、ブランド名が何を示しているか、お客様のどんな苦悩を解決できるのかを比較的明確に伝えている。

一方「ロレックス」という時計のブランドをまったく知らない人には「G-SHOCK」のほうが優れたブランド名ということも言える。

なぜなら、説明せずとも商品のウリがわかるからである。

そして直感で「何それ？」と意表をつくように表現できればＯＫ。

そう思われない場合は、パンチが足りないと考えてもいいだろう。

次にロゴについてはまず色で決め（**色については非常に重要な部分なので、第5章で詳細に触れていく**ことにする）、そのうえでかたち（図形、人間、文字、動植物、無機物など）を決めていくことになる。

ロゴの注意点は、複雑にしないことだ。

図形も基本的に○（まる）、△（さんかく）、□（しかく）、〜（なみ）くらいしかない。×（バツやクロス）は四角を分割した線なので心理学的な意味では□に分類される。

ニューロマーケティングで立証されているのは**人間が丸みがあるものを好む**性質があることくらいで、それぞれの図形の意味合いは文化で変わったりする。

よく言われる意味は○が理解や明快、△がやる気や革新、□が安定や基礎、〜が癒やしや優しさを表すそうだ。ちなみに世界で初めて商標登録されたロゴは△である。

「39ピッチ」ワンポイントアドバイス 20

ブランドをイメージしたロゴやマーケティングをおこなう

Chapter 4

「売れるマーケティング」のウソとホント

□マーケティングとは何か？

この章であなたが学ぶものは「39ピッチ」用のマーケティング。

それの何がそんなにいいのかと言うと、**具体的な目的のために最小限の労力でできるマーケティングである**という点だ。

マーケティングの問題は複雑であったりお金がかかりすぎることにある。ここではシステムを使った「39ピッチ」に最適で結果が予測可能なマーケティングを紹介する。

まず、商談相手がいないのにプレゼンテーションができるはずもない。

つまりマーケティングで目の前にお客様を連れてこなければならない。

商品・サービスが多数あり、歴史上最も人口が多い今、商品・サービスとお客様のマッチメイキングをおこない、商品を必要とする人だけを集める技術は商売では必須技能だ。

私は大手企業、中小、スタートアップと幅広く企業研修及びニューロマーケティングの導入を手伝ってきたが、そこで学んだ**英語圏（アメリカ、オーストラリア、イギリスなど）と日本の違いは、マーケティングの理解力と基礎知識の違い**だった。

理由は「競技人口」にある。英語圏のほうが人数は多く、ビジネスをおこなう人も多く、結果、マーケティングの技術が尖《とが》っている。

違いはマーケティングの目的だ。**「マーケティング＝集客」ではなく「マーケティング＝信頼関係の構築」と覚えたほうが結果は出やすい。**

売れるためには信頼が必須である。

これはどんなマーケティングや営業の教材を読んでも出てくることであり、これなしにおこなうマーケティング・セールスがあるのならそれは脅迫か詐欺でしかない。

その信頼を構築するためにはマーケティングが重要であり「39ピッチ」を使うにはマーケティングは「3つのT」（ブランド保証の項目の3つのTとは異なる）が必須である。

第1章で少し述べたが「タイミング」（機会）「トラブル」（苦悩）を意識し「トラスト」（信頼）を高めたものでなくてはならない。

「3つのT」を高めた状態で39ピッチをすると、
結果は「売れる」か「ロコミ」になる!

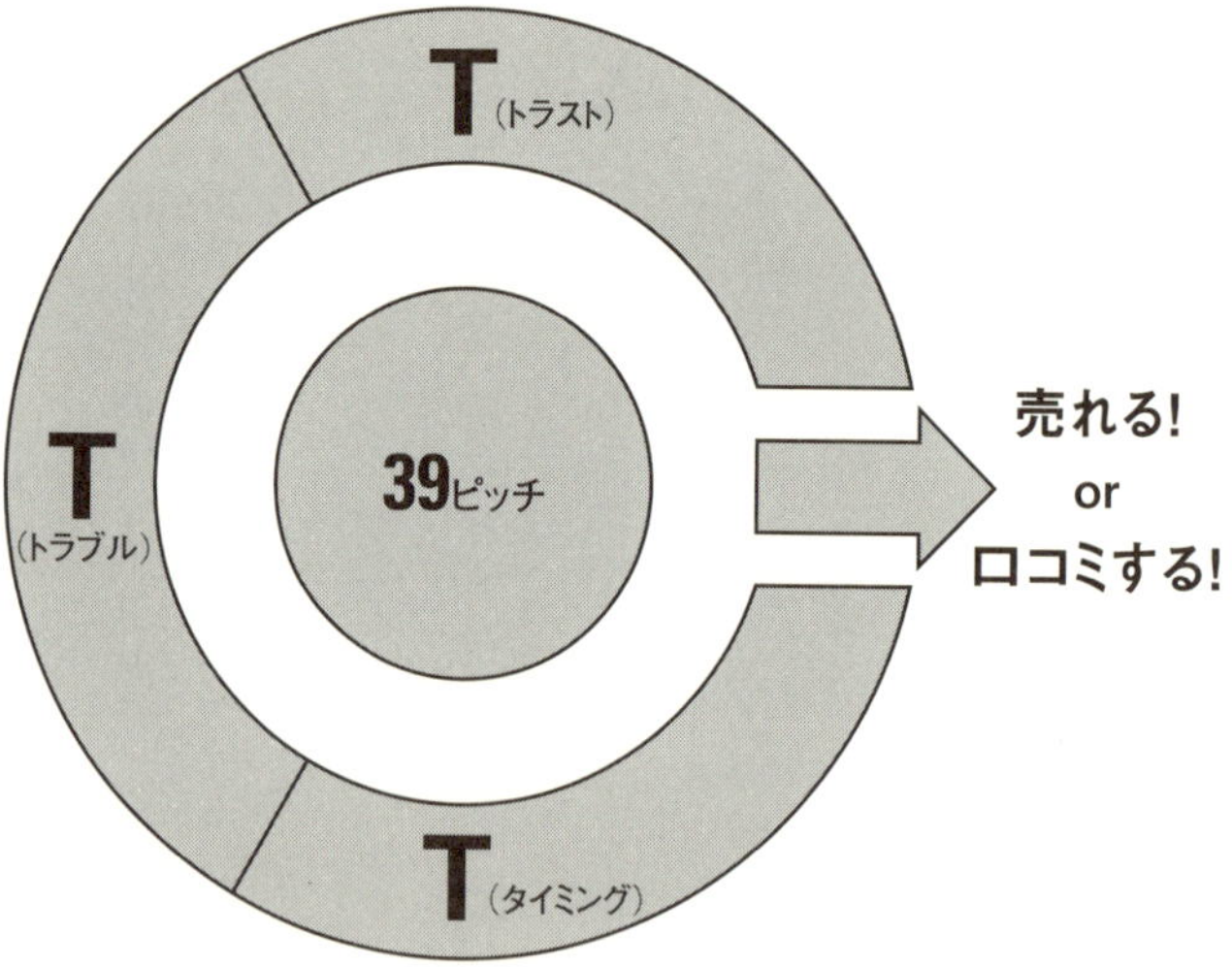

マーケティングとはつまるところ相手との会話である。

①　会話のなかで相手が自分に話しかけていて……

②　苦悩（トラブル）を深く理解してくれていると気づく。ここで相手があなたのマーケティングを見る時間があればタイミングは合っている。そのうえで問題を理解してくれているあなたを信頼（トラスト）し始める……

③　試したことがないが実績のある解決案に興味を持ち……

④　今、買うべきだというあと押しで「買う」という決断をして……

⑤　あなたに連絡するという行動に移る

このような流れだ。

つまりブランドをお客様の目に何度も見えるように示していくことが大事である。

人間の心理は何度も起きる偶然を必然と感じる。

同じような広告を何度も目にすると、必要なものとして感じる。

そしてお客様の意識の表面化に、自分の商品・サービスがトラブルを解消し、信頼できるものであり、タイムリー（ちょうど欲しかった）であると思わせるのが目的だ。

要は**相手の苦悩を告知している**ということになる

そして相手の苦悩を告知するとき大事にしなければいけないことは、ニーズ（要求）を売らないことである。

解決しなければならない苦悩は「ウォンツ」という人間の欲求に近いものであり、それは決してニーズとは言えない。

これを失敗するとマーケティングもセールスもこける。

「39ピッチ」ワンポイントアドバイス　21

マーケティングとは、相手以上に相手の「苦悩」を理解しているとアピールすること

□ウォンツ（欲求）で売って、ニーズ（要求）を提供しろ！

近代、グーグル、ジョンソン・エンド・ジョンソン、カルティエなどの企業の現場で活躍するマーケッターが口にすることは「ウォンツ（欲求）で売って、ニーズ（要求）を提供しろ！」ということである。

つまり今までの広告の失敗は、調査結果のニーズに合わせてメッセージをつくり告知していたこと。それではお客様は買わない。

理由はいくつかある。

①最終的にお客様が買う要因は、接触回数が多ければ信頼するという心理学的効果、単純接触効果（ザイオンス効果）によるものが大きく、別に高い広告開発費を使って

までやる必要があることではない

② アンケートなどの調査方法でお客様が語る「買った理由」は意識的な〝要求〟であり、私たちが買うのは無意識の〝欲求〟からである

面白いことに私たちは、必要があるもの（ニーズ）を買うことは先延ばしにして「欲しい！」と欲求を駆り立てられるもの（ウォンツ）にはすぐ反応して購買する。

マーケティングでは、相手が欲しいものを見せる。

そして提供するのは相手が本当に必要なもの（ニーズ）にしなければならない。

私がビジネスを見ていくなかで気づいたことは、**ニーズは決して魅力的ではなく、意識レベルの高いお客様か、危機的な状態のお客様しか買わない**という現実。

たとえばほとんどの方が、体型維持をして健康的に生きなければいけないとは知っていて、それが必要だとわかっていても、ダイエットなどほとんどやらない。

だけど1度でも目の前でダイエットに成功した人物がモテたり、人生がうまくいくのを

目の当たりにしたならば、自分もそれが欲しいと思ってがんばる。

ゆえにターゲットとする顧客層は何を欲しているのか？　または自分の商品・サービスがどう人々の欲求を駆り立てるのか把握しなければならない。

では人間のウォンツとは具体的に何なのか？

これはニューロマーケティング的に言うと、快楽（素早く楽しく、または楽にしてくれること）を指す。

何を？　もちろん日々の生活を。

「時間」「労力」「お金」を得る手助けをすれば、人の欲求に応えることができる。

キーワードは「なれる」「おこなえる」「得られる」と、それの否定形である。

たとえば、
・「有名に**なれる**」
・「金持ちに**なれる**」
・「笑顔のキレイな人に**なれる**」
・「自由に何でも**おこなえる**」

・「マイホームが**得られる**」
・「一生食べていけるキャリアが**得られる**」
・「理想の恋人が**得られる**」
……などは人が魅力的に感じるフレーズである。
当然アマサイによって「欲しいもの」「回避したいもの」は変わる。
では具体的にマーケティングとは何をするものなのか？
マーケティングの種類と目的は多くあるが、基本的な流れは次の通りだ。

〈1〉顧客（ターゲット）のニーズ（要求）とウォンツ（欲求）の調査（リサーチ）
〈2〉それらを満たし結果を得るのにいくら支払う気があるのか、いくらで販売できるのか、何が妥当なのかの価格（プライシング）
〈3〉それに合わせた黒字の見込める商品開発（パッケージング）
〈4〉買い手が入手しやすいような流通と商品展示（チャネリングマーケティング）
〈5〉その商品のよさを広範囲に教育させる宣伝（PR・マーケティング）

〈6〉再購入やアップグレード、新商品購入などを促す、リ・マーケティングのための顧客管理（カスタマーサポート）
〈7〉最後に、同じ商品の強力なマーケティング素材になる、お客様の声（テスティモニアル）をもらい、次回のマーケティングに使う

これらをスムーズにおこなえば完全にお客様は目の前に現れる。
本書はマーケティングのビジネス書ではないので割愛し、回避すべき注意点とやるべきことを簡潔に述べたいと思う。

「39ピッチ」ワンポイントアドバイス 22

重要なのは欲しい結果であり、それに必要な過程ではない

□知る、好きになる、信頼する、買う

「信頼のステップ」を踏んで売ったら、買い手は快く買ってくれる。

それを踏まずに売ったら相手は押し売りだと感じる。

だが、ほとんどの人がこのステップを明確にわかっていない。

私たちは誰でも、信頼するものを買い、好きなものを信頼し、知っているものしか好きになれない。

「知る」→「好きになる」→「信頼する」→「買う」。マーケティングの明確な目標は、このステップをクリアすることにある。

「39ピッチ」の仕事は最後の「信頼」→「買う」の橋渡しをすることにある。

信頼のステップ

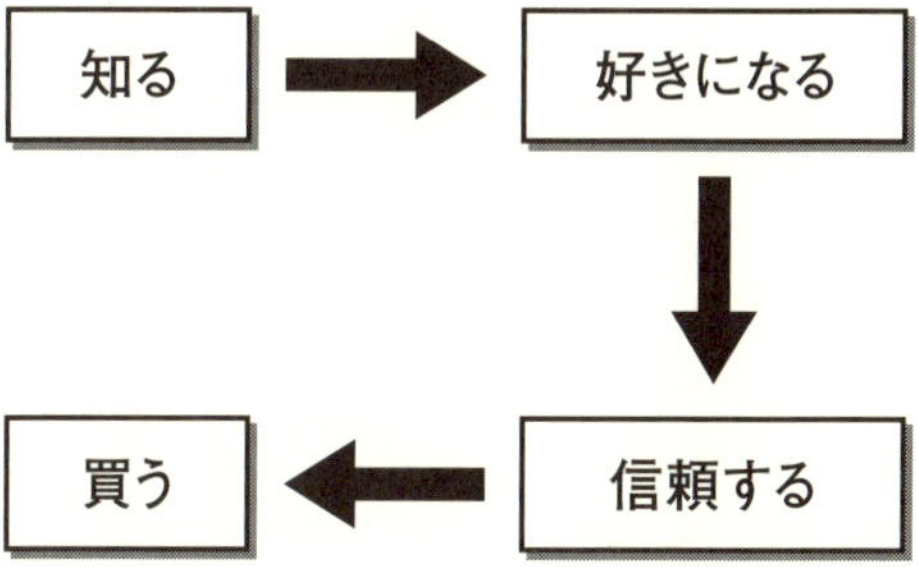

つまりその前段階がマーケティングでおこなわれている、または会話のなかで信頼まで持っていかなければならない。

人は自分の問題、苦悩、苦痛を自分以上に言語化できる人を信じる性質を持っているため、これをマーケティングやピッチ中にできれば、相手は間違いなくあなたを信じてくれる。

「39ピッチ」ワンポイントアドバイス 23

信頼を勝ち取っていないのにセールスピッチをやってはいけない

□マーケティングとはゾンビを蘇生させることである

私の友人である国際的スピーカーで動画マーケッターのジャスティン・ティオいわく、マーケティングとは「ゾンビを蘇生させること」らしい。

「何のこっちゃ？」と思われた方にわかりやすく説明したい。

私たちは潜在的顧客……つまりお客様になってくれそうな人たちに対して、メールやチラシや広告や電話によるアプローチをかける。このとき**相手から何かしらの反応（レスポンス）がなかった場合、私たちはそれをゾンビと呼んでいる。**

ゾンビである理由としては、持っている相手の連絡先が間違っている、またはそれが使っていない連絡先であるなどの可能性があり、まだあきらめなければ、復活できる可能性があるからだ。

まず相手にアプローチをかけて何かしらのレスポンスがあったら、マーケティングが開始できる。

次に相手の問題を聞き出すか、相手に認識してもらいたい。

たとえば水道工事をしている人ならば、

「水回りで困ったことはありませんか?」(過去)
「水回りで不便なことはありませんか?」(現在)
「5年以上使っている蛇口は劣化の恐れがあるのを知っていますか?」(未来)

などである。

これが電話やメール、ラインなどのチャットならばすぐにレスポンスがあるであろう。

相手がすぐにレスポンスを提供できないものは、このままその問題があることを前提で会話を続けなければいけない。

次に発見したいのは、その問題が実際に苦悩(トラブル)かどうかである。

それは、相手のビジネスや人生に悪影響を及ぼしているかどうかがわかればよい。

質問の種類的には「○○（問題）から来る損は何ですか？」や「○○はどういった影響を及ぼしていますか？」など。ラフな聞き方だと「それってどんなに悪いことなんですか？」といった感じである。

先の水道工事の例では、

「水回りで困ったときの被害ってどんな感じでしたか？」

「具体的に不便ゆえに起きている損は何ですか？」

「劣化すると水漏れやサビの誤飲などがあるのをご存じですか？」


といった感じだ。ここで私たちはお客様から直接、または脳内で「一定量の影響があります」という答えをもらわなければいけない。

なぜなら問題だと思っていることも「たいして人生に影響していない」と思われたら、人はそれにお金を払ってまで解決しようとはしないからである。

リードマグネット

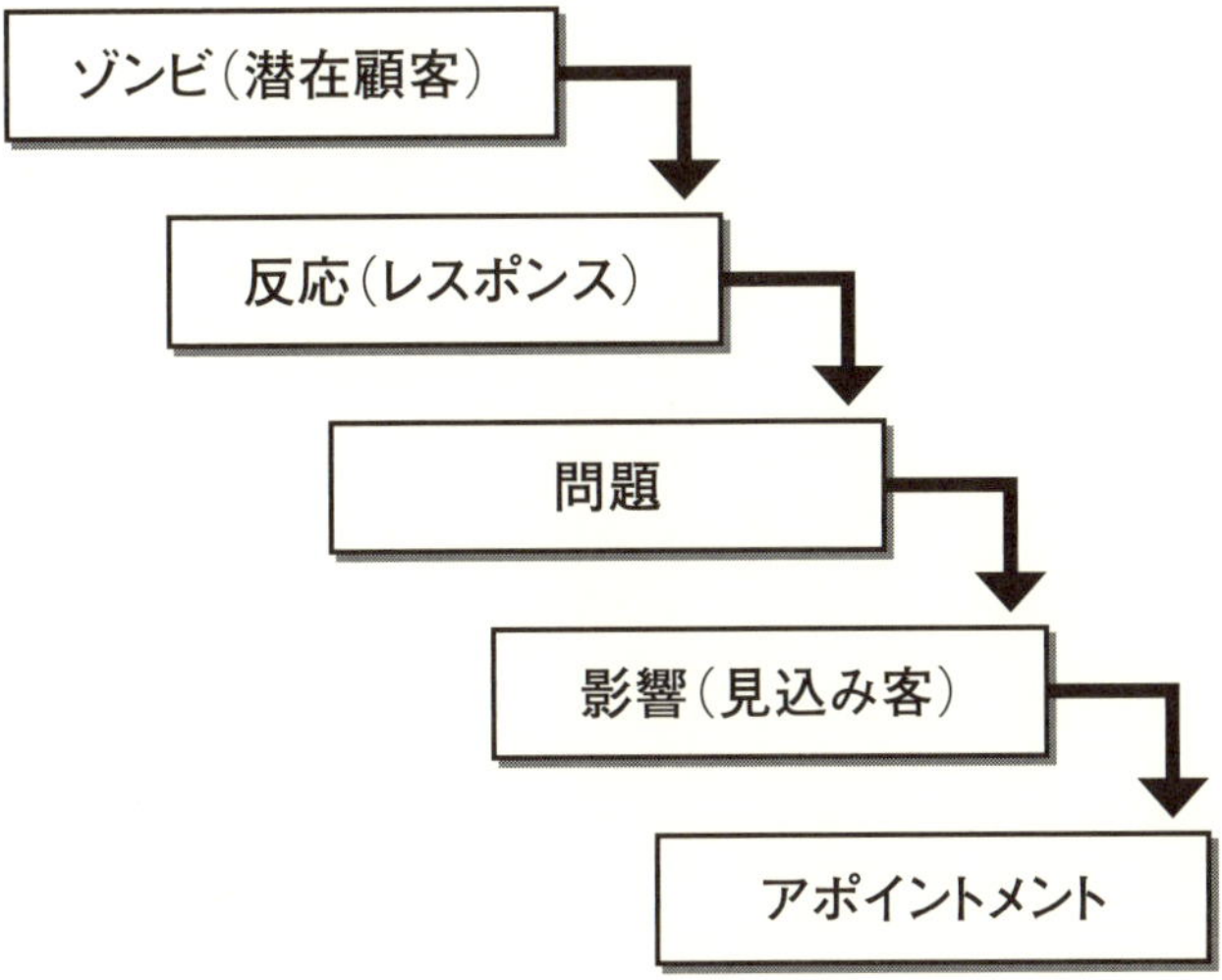

ここで影響があるなら買う見込みのあるお客様、つまり「見込み客」となる。

そして、目の前にその見込み客がいるなら「39ピッチ」が発動される。

いない場合はネット上で見込み客が誰なのかわかるために「**リードマグネット（見込み客磁石）」と呼ばれるものと交換で、お客様のプライベートな連絡先をもらう（リストを取る）か、直接ランディングページ（セールスページ）に買い手を誘導する。**

ちなみにリードマグネットとは電子書籍、動画、録音、テスト結果などが使われることが多い。

では効果的に買い手から反応を得たり、影響がある問題をピンポイントで狙うためにはどうしたらいいのか?

それは次の項目から書いていこう。

「39ピッチ」ワンポイントアドバイス 24

相手が生きている(ゾンビじゃない)ことを確認してから話を進めるべきである

□調査でアンケートは取らない！正しい質問を多くする

調査は基本、買い手の問題の詳細を知るためにある。

「何をどうやって売ればいいか」という情報を集めるのが主目的だ。

別に私はアンケートが嫌いということではない。

ただ元統計学教授の心理学者として、**アンケートという「聞き方次第でいくらでも答えが変わるもの」で人間の真意を測るのは難しく、結果があいまいになりやすい**という問題があるということを言っておきたい。

ある航空会社で顧客を集めて質問する会を開いた。

その結果「お客様が航空券を選ぶときに何をベースに選んでいるのか？」を発見しようとしたのである。

あなたは航空券を買うとして何を重要視するだろうか？

普通に考えたら「価格×合計の旅行時間×出発と到着時間」あたりを検討して買っているのではないだろうか？

宗教的理由で特殊な食べものがいるとか、特殊なサービスが必要である、といったことがない限り基本的にはこんなところであろう。

そのうえでサービスがいいことと、事故率が低いイメージの会社に乗りたいと思うであろう。

またはマイレージを貯めている会社があり、それをひいきにしているくらいか。

だが**ここで顧客から出た結果はなんと「レッグスペース（足元）の広さ」だった。**

ちなみにこの結果をベースに広告を打ったが失敗に終わった。

考えてほしい。

たしかに広いレッグスペースはあったらいいが、広いレッグスペースが欲しかったらビジネスクラスかエコノミープラスに乗っている。

どの航空会社にしようかという選択肢で「足元の広さが……」というのは、極端に狭くて不便ということがない限り、除外の対象になっても選択肢に含める要因にはならない。**現在の脳科学でわかっていることは、人間は無意識で決断して買うということ。であれば意識して答えるアンケートに「買う本当の理由」はない。**

逆に対象客の日常を観察して、困ったこと、不便であることを発見する調査法があれば、こちらのほうが的を射た答えが出る。

アンケートを取るなら参考程度にして、マーケティングの素材としてや「お客様の○○%が満足したと答えた」などを言うため以外では使用を控えたほうがいい。

「39ピッチ」ワンポイントアドバイス 25

行動は無意識に嘘をつきにくいが、言葉は無意識に嘘をつく

□ボタン1個で片づくサービスは売れない

商品が簡単である場合、その商品の価値を低く見る人がいるのも真実である。

「いい話には裏がある」という。

たとえば安くお得な商品があったとする。

それが安くできる理由は、あなたが独自に開発した流通網であったり技術のおかげかもしれない。でも世間一般にこれは企業秘密であり、告知はしないし、しても商品の流通網を記憶するお客様というのはほとんどいないだろう。

つまりお客様は「お得である理由」を探すのだ。

このときにひと手間かかったり不便なことがあると、安心してお客様は買う。

意外に思うかもしれないが、逆にパッケージを「全部簡単で何もしなくてもよい」と見

せてしまったら、人は疑い、その商品を買わなくなる。

日本は接待とサービスの国であり、相手にラクをさせてやるのがいいという概念があるが、それをお客様が求めていない可能性も考慮しなければならない。

たとえば、イケアという家具会社は「自分でつくる」を売りにしている。あえて自分でやることに価値を感じていただき、そしてそれが〝理論的に安い理由〟で脳は納得する。

すべて任せてもいいフルサービスのものなら、高額なうえに限定数があったり、手に入りにくいなどでなければ売れない。

その際にキーワードは「なぜなら」になる。

「ボタン1個で片づきます！　なぜなら……」

そのあとの理由が何かしらあったら〝いちおう〟納得はしてくれる。

これを広告に見せられるかどうかが勝負になる。

「39ピッチ」ワンポイントアドバイス 26

便利過ぎると「裏がある」と人は疑う

□広告で劇的な反応を取りたければ「3つのB」を使う

手っ取り早く、見る人が反応する確率を上げる方法を知りたいだろうか？

それは広告業界でいうところの「ＢＢＢ」「３Ｂ」と言われるものに当てはまる。

つまり「Beauty（美女）」「Beast（獣）」「Baby（赤ん坊）」だ。

これらを広告のどこかに絵か写真で入れたら売れる。

実際私の生徒の１人が、商品とはまったく関係のない赤ん坊の写真を広告に入れたら、チラシの反応率が７倍になったと喜んでいた。

ではそれぞれ見ていこう。

まずは「Beauty（美女）」について。

脳科学的な補足を入れるとしたら、よく言われる「美人の黄金律」というキレイの基準を守っているならば、別にBeautyは〝絶世の美女〟である必要はない。

ベストは買い手に似ている年代と性別にしたほうがいい。

ときには共感を得るため、逆に美しくしない、一般人風がいい、ということもある。

そして、その一般人のまわりを美男美女にするほうが反応は取れたりする。

理由は共感を得て、願望を叶えるからである。

注意点としては性表現を過激にしないことである。

別に政治的、法律的、倫理的、モラル的視点からではなく、脳科学的そして統計学的視点から「過激にしても無駄に終わるから」である。

一昔前の広告業界には「ＳＥＸは売れる！」といった風潮があった。だがマーケティング界の超大物、マーティン・リンストロームが調べたところ、ＳＥＸが売れる理由は社会的タブーであったため、逆にメディアに取り上げられたり視聴されたからだった。

これは社会心理学では「カリギュラ効果」(Caligula Effect) と言い、１９８０年につくられた映画『カリギュラ』がアメリカの一部で放映禁止になったら、途端に来場者数が増えたことから、**禁止されたものほど欲しくなる**という効果を指す。

現在では1980年代ほど性に対して禁止されている感覚はない。現在の少年誌や少女誌も、十分性表現が過激ではないだろうか？ゆえにそこまで「カリギュラ効果」が認められず、禁止されるほどの性表現をしてしまったら通常のメディアでは放送されず、広告としての意味をなさなくなってしまう。

さらに性表現が激しい広告を見て、人々は「性表現は覚えているが、何の商品・サービスだったのか忘れてしまう」というリサーチもある。私たちは美女に注目するが、美女にしか注目しない危険性もあることだけは覚えておいてほしい。


次に「Beast（獣）」という表現をしているが、じつは虫でも魚介類でも構わない。**脳が反応するのは人類以外の生き物で「危険」「愛くるしい」「謎めいている」の3種類。**キャラクタービジネスをやっているところは大体この3つを押さえている。

では、そうじゃない生き物って何？　と思うかもしれない。希少性がなく、さらに害はないが利点もない生き物がそれにあたる。

たとえば毒々しくないカエルやトカゲ、毒のない昆虫類（テントウムシやセミ）、家畜じゃないが脅威のない草食動物（山羊やシマウマなど）が、使っても反応が取れないBeastのカテゴリに入っている生き物である。

Beast選びに失敗するのは、その生き物の名前は知っていてもすぐにイメージできないからである。ただし、意外性と商品・サービスのイメージが合うなら、イメージしにくい生き物でもＯＫである。

迷ったらとりあえず、一時流行ったカフェのように猫にするか、企業のＣＭなどでよく使われるように犬にしておくのが無難なのかもしれない。

そして「Baby（赤ん坊）」は誰もが注目する。

赤ん坊の写真を見せた0・15秒後には脳の内側眼窩《がんか》前頭《ぜんとう》皮質《ひしつ》という部位が活性化する。ここが活性化すると社会的にいいとされ、喜ばれる（報酬が支払われる）行動の決断を促す能力があるとされている。

つまり手紙に赤ん坊の写真があるなら返信を書くし、落ちた財布に赤ん坊の写真が入っているなら警察に届け、広告に赤ん坊の写真があるならそれをしっかり読もうとする。
つまり私の生徒の1人が赤ん坊の写真を入れて広告の反応率が上がったのも、そういった意思を表面に出させた結果であろう。

赤ん坊の写真はとくに買い手が親ならば効果的である。 女性ならば赤ん坊を見た場合、愛そうとするホルモンである「オキシトシン」が分泌される。これは購買に有利に影響する。男性も似たようなホルモンが分泌される（女性より少ないが）。

しかし男性の場合は赤ん坊が泣きそう、泣いている、泣く可能性を示している場合「プロラクチン」という射精後に出るホルモンと同様のものが出る。つまり性欲を失い急速に冷静になる効果を促すのだ。

可愛いだけならいいが、泣いている赤ん坊や子どもの絵は男性の買い手を冷静にさせるため「システム2」の脳を作動させ「買わない」選択をさせる場合もあるのでご注意を。

「39ピッチ」ワンポイントアドバイス 27

昔から使われている技法も、注意して使わないと痛手を負う

□ 情報は欠けさせよ！

完結したものには人間は興味を引かれないし、買うという行動をしない。

たとえば完結した連載のドラマ、小説、漫画などは誰かが強く推薦でもしない限り見始めようとはしない。実際、連載中の本が本屋には並び、完結した本は並ばなくなる。

映画の予告編も、予告編だけで何が起きるのか完全にわかってしまったら映画を見に行く人はいなくなってしまう。

丁寧に相手を思って全部入れようとすると、意味のない広告ができあがってしまう。

心理学用語では「オープンループ」と言い、次ページの図のように空きのスペースが気になってうめたくなる状態をいう。

完結していないものを、
完結させたくなるのが人間の脳！

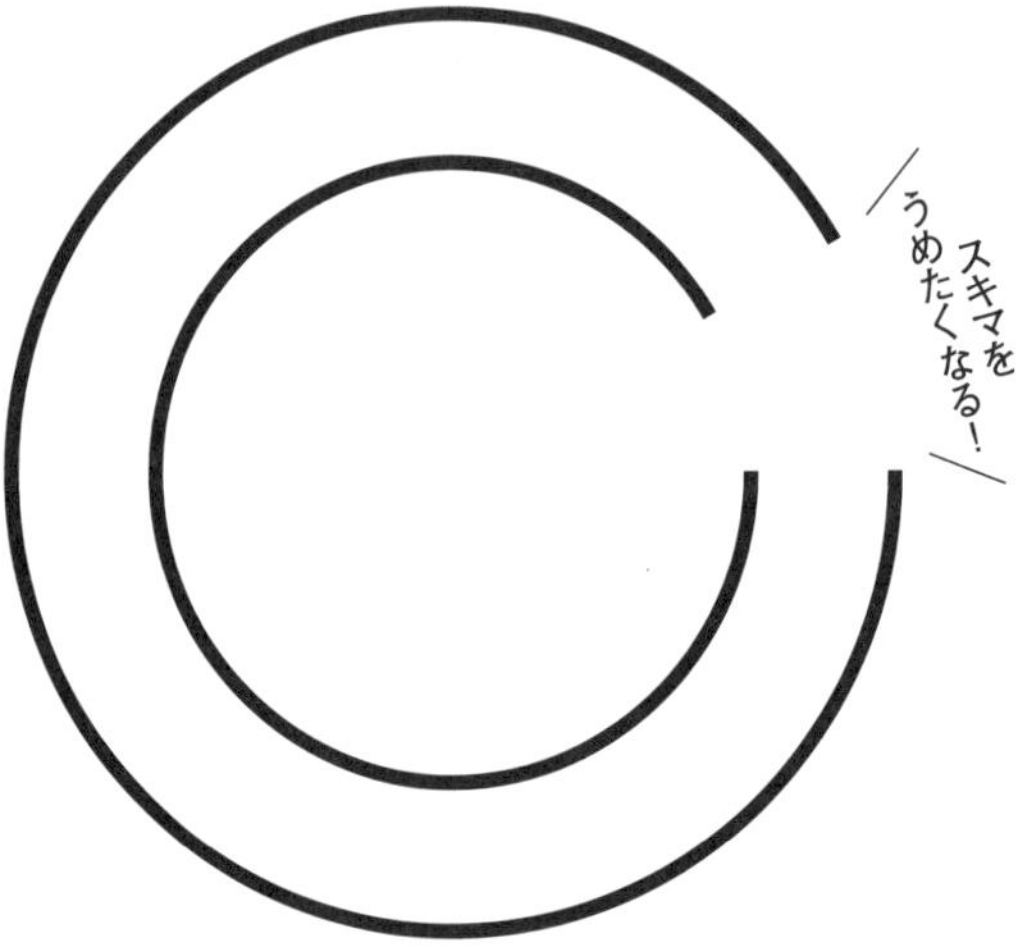

このように完結していないものは目に留まり、気になるから記憶してもらえる性質がある。ゆえに、ここ最近では「詳細はＷＥＢで！」という促しがあったりする。昔からあるのは「あなたが売上を上げるために必要な○○の法則！」というふうに、肝心なところが伏字になっている。

　一番気になるところでテレビ番組が「そのとき○○（タレント）が見たものは！」といったテロップが入ってテレビＣＭに入る。

クリフハンガー（崖っぷちにぶらさがる者）とも呼ばれる手法である。

商品・サービスのマーケティングとしては最初に相手の興味を引くのにも使える。

だがどちらかというと色々と説明したあとに、

「完結はあなた自身で試してください。結果が出なかったら全額返金いたします」

というような流れが理想的ではある。

最終的には自分が試して完結させたいという意欲を出させる流れをつくり「39ピッチ」をできれば、購買される状態になっている。

「39ピッチ」ワンポイントアドバイス 28

「完結のための購買」と覚えておこう

□最初に自己紹介はしない

あなたの名前も会社名も製品も、相手は覚えていない。

パーティに行ったことはあるだろうか?

何人もの出席者に自己紹介すると、相手を覚えていないという経験があるだろう。

ネット上の動画も、たとえばYou Tubeの広告では最初の5秒でスキップされてしまい、商品・サービス名を覚えていないのが現状。

人は自分に利がないものは覚えない性質がある。

無理に紹介しようとすると、よくて無視されるか、最悪は広告拒否という現象を起こして「絶対買わない!」という決断をさせてしまう。

当然相手が自己紹介したならば、こちらも言うのがマナーなのでそうしよう。

だがあくまで目標は**相手から「何をなさっているんですか?」や「申し訳ないですが、お名前なんでしたっけ?」と聞いてもらう**ことだ。

そうなれば相手があなたに興味を持ったことが確定している。

つまりあなたの名前、商品名、サービス名、会社名も売れないといけない。しかも相手が欲しいと思い、聞いてくるまで言ってはいけない。

人間が印象をつくるのは一瞬である。最初の瞬間に考えていることは「私に何の利点があるのか?」だけである。これに似たことを聞いたことはあるかもしれないが、この本質を理解するのは意外と難しい。

間違った例は、

「私は○○会社の○○部で○○をしています」

「私は個人で○○をしています」

などである。このどちらも相手にフォーカスはなく、相手の脳は「私に関係ない」とすませてしまう。

そうではなくて、

「私たちはあなたのような個人事業主の方に、39秒で成約に結びつく『39ピッチ』という企業研修を提供している者です」

「私たちはあなたのような営業マンが2日半で2ヵ月分の営業成績を出せる『39ピッチプログラム』を提供しています」

などが的を射た言い方になる。

これらをメディア用語では**サウンドバイト（音が嚙みつく）**と言う。

第40代アメリカ大統領ロナルド・レーガンや小泉純一郎元総理も使った技法である。

これを日常の会話に転用するにはまず「誰に対して」「何の結果を」「どうやって」ということが重要になる。

「39ピッチ」ワンポイントアドバイス 29

意味を教えないと、脳は名前すら覚えない

□マル秘！　ビジネス用「10秒サウンドバイト」

ではどのように前項のサウンドバイトを使えばいいのだろうか？

ここではその手法を見ていこう。


まず大事なのは「誰に対して」なのかということ。


あなたは自分をどう表現する？

男性？　女性？　サラリーマン？　ＯＬ？　個人事業主？　営業？　外資系？　医療系？　日本企業？　大手企業？　年代は？　年収は？　などなど。

具体的に、相手が自分を表現するのと同じ表現の仕方で、あなたも話しかけなければならない。私が今まで見てきたなかでの問題は、商品・サービスを提供している人が広範囲すぎたり、または逆に具体的すぎるという両極端な表現である。

たとえば、

「この商品は、掃除をする人たちのために開発されたものです」

「この商品は、出勤10分前も自宅の掃除に没頭するタイプの人たちに開発されたものです」

このような感じだ。

「掃除をする人たち」という表現は広すぎて逆にしない人のほうが少なく「出勤10分前も自宅の掃除に没頭するタイプの人たち」は、自分たちをそう表現したことがないのでピンとこない。

友達に「お前って掃除するの？」と聞かれて「私は掃除をする人です」や「私は出勤10分前も自宅の掃除に没頭するタイプだよ」と答えるイメージがわかない。

逆に「掃除けっこう好きだよ」とか「こまめに掃除はするよ」は聞いたことがある。

つまり掃除をする人をターゲットとした商品の表現には「**この商品は、掃除がけっこう好きな人のために開発されたものです**」と言うほうが、相手の脳は自分に話しかけられていると認識するのだ。

次に「何の結果」を提供しているのかが大事になる。

ここで間違えてはいけないのは、「結果」であり「具体的な何を」ではないこと。

第3章のブランドの保証をここに当てはめればいいだけである。

たとえば、

「あなたに合わせた16回ネイティブスピーカーによる個別60分英会話レッスン」

ではなく、

「ゼロからたった2ヵ月で、ガイドなしでハワイを探索できる英語力」

と言うことである。

実際あなたも今の2択ならどちらが欲しいと思うだろうか？　結果のわからない16回の英会話レッスンか、結果がある程度予想できる英語力。脳は後者の結果を選ぶ。

買い手は、欲しがっている結果が手に入る約束をしなければ話を聞いてくれない。

私の師匠の1人、ブレア・シンガーによく言われたのが「**What So Good About That**（**それの何がそんなにいいいんだ?**）」である。自分の商品・サービスの結果がわからない場合は「○○（商品）の何がそんなにいいかと言うと……」と問い続ければ、答えは出てくる。

最後に「どうやって」を入れる。

これは独自のシステムやプロセスを使っているあなたの商品・サービス名のことである。

最後の最後まで商品名、サービス名、または会社名を言わないことだ。

この順番を守らないと脳に名前がインプットされることはない。

当然名前を覚えるのが得意な人は覚えてくれるだろうが、その人は大量にほかの商品・サービスも覚えているので、結果的に何のアドバンテージにもなっていない。

マーケティングでもセールスでも、どう記憶してもらうかは必須である。

脳の法則に従うことを私はおすすめする。

そしてこの10秒サウンドバイトに興味を持った人たちに「39ピッチ」をおこなうのだ。

「39ピッチ」ワンポイントアドバイス 30

10秒サウンドバイトがマーケティングの要となる

Chapter 5

相手の五感を自在に刺激する

□私たちは視覚（とくに色）で買っている

まずはあなたにウソをついたことを深くお詫びしたい。

五感ではなく正しくは九感である。身体の内部にしかない感覚はさらに12個以上あるので、九感も正しくないかもしれない。つまりよく言われる「第六感」どころの話ではない。最先端の学者の本音は一般常識から外れているので、普通に書くと「うさんくさい」と言われかねないため、見出しにはそう書けないだけだ。

さて、これがあなたに何の関係があるのか？

脳には情報の優先順位がある。

情報処理量と重要度に大きな差がある。

ならば、あなたは相手に対してどうコミュニケーションをとるかを変えるべきであろう。

なぜなら選択肢を誤ると、同じ1分で相手に伝えられる情報が、半分以下になる可能性だってあるのだから。

何も記憶に残らなければ、お客様はあなたの商品・サービスを買うことはできない。買いたくても思い出せず、最終的には解決案の方法論をグーグルサーチして、SEO対策に強い競合他社（大手）に持っていかれるはめになる。

それが嫌ならしっかり大量の良質な情報を記憶してもらえるよう、人間の感覚を刺激する術を学ぼう。この章はそれを可能にしてくれるのである。

前振りが長くなった。本題に入ろう。

ではまず最も大切な感覚「視覚」から見ていこう。

視覚。つまり目から入ってくる情報。絵や映像などである。

視覚が私たちのなかでどれほど重要な役割を果たしているか？

提供されているのが文字だけであっても英単語で毎分250～300字（日本語で毎分500～600字）処理され、最も多くの情報が処理される部分が視覚である（参考：

Ziefle,1998)。

ほかに脳は呼吸や心臓を動かすといった重要な役割があるのにも拘らず、脳の構造上、最も多くのスペースを保有し、視覚情報の処理だけに20%、さらにほかの感覚も補佐しているため、それも含めると**私たちの脳の60%は視覚情報の処理をおこなっている**（参考：Keller, Bonhoeffer, & Hübener, 2012)。

見るという行為がどれだけ大事かわかっていただけただろう。

言葉だけ話していても視覚を刺激する方法はいくらでもある。

ボディランゲージであったり、映像を想起させるような言葉遣いであったり。

ニューロマーケティングの分野では、有形でないものを人間は買わないと言われている。

頭のなかであっても、見えなかったら買わないのが人間である。

それ以前の問題が**人間は「色」で買っている**ということ。

お客様が買わない理由で「値段が高いから」というものがあるが、それはウソだ。

業種によっても違うが、統計的には50～60%の反論が「高い」か「金がない」というお金がらみのことだという。ここで実際に懐《ふところ》ぐあいを調べてみると、本当にお金がなくて買えないのは5％未満だそうだ。

買うときに人が最も大事にするのは「品質」である。

しかし、じつはそれがお客様の発言として表れるときは、表面上では「品質がいいから」であるが、心のなかでは「色がいいから」ということになる。**品質がよくても色が悪いものは買わない。逆に色がよければ品質が悪くても買う場合がある。**

昔から私たちは品質を色で表している。

特定の色は皇族、王族しか使えなかったりしたのである。

アメリカのＷｅｂＦＸという会社がおこなった実験で「90秒でどの商品がいいか決めてください」というものがあった。

「色がいいから商品を購入した」と言った人は87・7％にのぼり、実際商品を見た目で買った人は93％いた。これは業種や種類関係なくである。

また彼らの研究結果では、**長くて90秒で購買の決断はされていて、62〜90％の分析は色だけでおこなわれている**と報告されている。

そのうえで80％の人が「ブランドの色が大事」だとも述べている。

なぜ色が大事なのか？　それは人類が好悪や善悪、新鮮か腐ったものかなど、すべてを色で識別してきたからである。

さらに何色がいいかについては、世界トップ100の企業のカンパニーカラーを見ると、39％が青・青緑系、29％が赤系、25％が黄色系である。**この結果から単純に考えるなら、あなたの商品やサービスと合致していれば青・青緑系がいいということになる。**

それぞれの色には自然界から得たイメージがある。

- 赤→アクション、情熱
- ピンク→繊細、女性らしさ
- 紫→スピリチュアル感、高貴
- 青→信用、自信
- 緑→健康、癒やし
- 黄色→ポジティブ、エネルギッシュ感

・オレンジ→若さ、値ごろ感
・茶色→高級、不動
・黒→伝統、フォーマル
・白→純粋、平和
・グレー→権力、安定感

などである。そこで自分の商品・サービスは何色が最適かを見極め、その色で統一感を持たせればよいということになる。

人間は色と商品・サービスの統一感を無意識で判断している。バラバラだと感じたら瞬時に脳は「システム2」に入り、買わなくなるのだ。

たとえば某牛丼チェーンのオレンジ色を使ったミシュラン3つ星高級フレンチの看板は、なんとなく怪しい感じがして入れない……という感じである。

古い友人でプロデザイナーの千さんは「ブランドイメージをぶっ壊すのはありだ！」と言って、今までとは違う配色をしてもいいと語る。

しかしこれはキャンペーンや短期的であったり、目標が達成されるまでの期間があったりと、半永久的には使えない。

彼がよく言う例で、ルイ・ヴィトンが一時期レインボー柄の商品をつくったことがあり、今までの茶色とは違い話題になり売れたそうだ。

しかし当然これも長く続けすぎたり、それをメインに押し出しすぎた場合、古い顧客（ファン）は離れていってしまう。

前章で、過激な性表現は、話題性を武器に多方面のメディアに取り上げてもらうことでマーケティング効果を狙ったものだと言ったが、色と商品のミスマッチも話題性がある間はいい。しかし皆が慣れたところに違和感だけが残る商品になってしまったら、誰も買ってくれなくなるので注意してほしい。

「39ピッチ」ワンポイントアドバイス 31

視覚情報に訴えかける。とくに色には注意する！

□なぜ、ナレーションには女性が多いのか？

次に「聴覚」について説明していこう。

音声として情報を提供すること。

聴覚は英単語毎分１５０〜１６０字（日本語で約３００〜３２０字）くらいの情報処理量がある（参考：Williams, 1998）。

つまり視覚の半分くらいの情報を提供していることになる。

音に対してのリサーチ結果は**女性の声のほうが売れる**という結果になっている。

さまざまな理由があるが、一番は聞きやすく言葉一つひとつが高い声のほうがわかりやすく通りやすい。そのうえで女性のほうが話に起伏があり、音程が一定じゃないので飽きないそうだ。

そのためアナウンスやナレーション、避難誘導などは女性の声が使われることが多い。音を重要視したマーケティングをしたいなら、若い女性の声を使うほうが無難である。まずは聞きやすさを重要視したほうがいい。当然、男性でもわかりやすい話し方の人や訓練を受けた人ならばいいが、やはり女性の声のほうが男性の声より警戒心は薄くなる。

これがカスタマーサービスや受付に女性が多い理由になる。

ちなみに映像や動画は、視覚と聴覚を両方刺激するので、もし生身で相手に会えないならば、動画は非常に効果的な情報の提供の仕方となる。

まことしやかに「1分間180万字分の情報が、動画にはある」と、英語圏のネットでは言われているが流石にそこまではない。何を映すかでも情報量は変わる。

動きがあり音がある動画は、脳を刺激するにはどんな媒体よりも有利であるということである。

「39ピッチ」ワンポイントアドバイス 32

声だけなら女性を起用！ できれば動画を使う

□「39ピッチ」の最後が握手で終わる理由

次に「触覚」について。

肌への刺激、おもに指や手といった場所への刺激。振動やほかの動きで伝えるということ。ゲーム機が振動したりしてこれを取り入れた。

触覚は英単語毎分約１２５字（日本語で毎分約２５０字）の情報処理の効果がある（参考：American Council of the Blind, 2017）。

バカにできない情報処理量なので、**握手やそのほかの触れ合い（社会的に適切なもの）はできるだけやっておくと購買率が高くなる。**

昔、人々が紙での契約書を書く前は口約束を交わし、握手をして第三者がその証人となった場合に「契約」としたそうだ。

ゆえに、口で「やる」と言ったあとに握手をしたならば、その言ったことを達成しようとする脳の強制力が発生する。

そのため「39ピッチ」の最後は握手で終わる。

何より多くの人の購買パターンは最後、手触り、肌触り、触感を大事にする。

「私は無形のサービスを提供しているんですけど、そういう場合は関係ないよね？」

いや、そうではない。その場合パンフレットが商品だと相手の脳は思ってしまう。

この本を通して「39ピッチ」の概念、脳科学的に最初の数秒間で勝負が決まるとも話した。つまり私たちは相手に会ってピッチをする前段階に、自分たちの印象を決めてしまう何かを手渡している。

お気づきの方もいるかもしれないが、それは**「名刺」**である。

私のセミナーで生徒たちに、そしてコンサルティングでクライアントに口を酸っぱくして「価値があり捨てられず、自慢したくなるか使いたくなる名刺をつくれ！」と伝えている。

ちなみにその方法論はいくつかあるが、取り入れた人たちは名刺だけで仕事が来ているから、ピッチすら必要ないという状態だそうだ。

「ニューロマーケティング的名刺づくり講座」をし始めると本の主旨から離れて長くなるので簡単にまとめる。何より悪い名刺だと「39ピッチ」に悪影響しか及ぼさないので。

名刺の問題は、もらい手としては「いっぱいもらう」「誰が誰だか覚えていない」「価値がない」ということだ。最終的に捨てられてしまうことである。

脳科学的逆転の発想は**「財布のなかで最後まで捨てられないものは何か？　そしてそれに似せればいいのではないか？」**である。

これをおこなえば、脳は誤認して「捨てにくい名刺」ができあがる。

さあ、あなたも財布の中身を掃除をしたことがあるはずだ。

最後まで残っていたものは何だろうか？

「紙幣」「硬貨」「身分証明書」「定期券かＩＣカード」「クレジットカード」……もし入っているなら「家族写真」や、もしかしたら「ポイントカード」ではないか？

このなかで誰もが持っていて、失くしたらイヤで、価値が高く、名刺と同じサイズのものは？「クレジットカード」か「ＩＣカード」である。

両方とも限度額は最高紙幣の１万円を確実に超える。そして失くした場合は他人でも使えてしまうものである。

両方とも共通点があり、一定の大きさ、重さ、硬さ、形状、デザイン、そして「たった1つの使用目的」を持っている。

それらのどれかを似せたならば、脳科学的には捨てにくい名刺、そしてもらった相手は価値があると無意識に思ってしまう名刺がつくれる。

当然、対企業なのか対個人なのかでデザインや、重さ、厚さの常識的範囲が変わるのでそこはデザイナーと相談してつくってほしい。

あとは両面の情報量さえ間違えなければいい。

シンプルイズベスト。いいデザインも、広告も、動画も、セールスピッチも、何を取り除いたかで決まる。「39ピッチ」と同じく、言葉数は少なければ少ないほうがお客様のためになる。


「39ピッチ」ワンポイントアドバイス 33

握手と名刺の重要性と活用法を知る

□ 悪臭は購買意欲を一瞬にして消してしまう

さて、ここからは「非慣用的感覚」と呼ばれる分野に入る。

五感を刺激するという意味で簡単に説明すると、「あまり使われていないからこそチャンスのある情報の提供の仕方」ということだ。

技術的もしくは法律的、倫理的、モラル的に特殊な資格なしには提供できないこともある情報の種類ではあるものの、間接的でも提供できたなら相手の理解度と感度が高まる。

何より競合他社がほとんどやっていないので、目の付けどころである。

その代表格が「**嗅覚**」である。

匂いはよければ買う気になるし、悪ければ避ける。

ここ最近日本のタクシー運転手は、出発前に消臭スプレーをしてチェックされなければいけないらしい。

そして、自動車メーカーのアルファロメオやBMWは、昔から香りを使った戦略をおこなってきた。

たとえばアルファロメオのフレグランスシート（特定の香りを車につける）や、BMWのパンフレットが新車の香りがする、などである。

香りは感覚のなかで唯一ダイレクトに感情脳（偏桃体《へんとうたい》）に直結しているので、いい感情を促す香りだった場合、一発で気分がよくなり、さまざまな記憶を思い出してくれる。

逆に悪臭だったら購買意欲は一瞬で消え失せる。

ちなみに、香水をつけすぎて刺激臭になってしまっても問題があるので注意してほしい。

不自然じゃない程度にいい香りを匂わせるのがいい。

たとえばマイホームに優しい藺草《いぐさ》の香りとか、旅行代理店は南国のイメージのパイナップル、ココナッツ、マンゴーの香りなど。

某化粧品会社で働いている友人は、香水業界の研究でムスクという自然な獣臭（剥製《はくせい》などから匂う程度）が興奮作用があると発見したと教えてくれた。

それゆえに、ほぼすべての男性の香水には少量だけその香りが混ざっているらしい。

つまり私たちは香水会社に〝買わされている〟わけだが、男性としては適当に買った男性用の香水で、女性に嫌われる匂いでなければ、欲しい結果（女性が興奮する）を得られるわけである。

別に必須事項ではないが、少量でよいのでアロマでも香水でもどちらでもつけて「39ピッチ」に挑んでほしい。

「39ピッチ」ワンポイントアドバイス 34

臭くては売れない、そして無臭は覚えてもらえない

□ 脳は味覚を狂わせる

次に「**味覚**」について。

目隠しをして鼻栓をさせられたら、私たちはほとんど食べものの味がわからなくなると言われている。

ニューロマーケティングを有名にした実験がペプシコーラとコカ・コーラの実験である。俗に言うペプシチャレンジというもので、購買者の心理学、そして脳科学がどうなっているのかという謎を30年近くつくり上げる有名な出来事である。

１９７５年にペプシコーラは一大キャンペーンをおこなった。

世界中いたるところで2種類の飲料を試飲してもらうテストをおこない、美味しいほうを記録していくというチャレンジである。

ラベルが隠されていて、試飲した人はどこのブランドか知らずに飲んでいった。
そして結果は半分以上の人たちが、ペプシコーラを好んだという結果である。
この結果だけ見たら、いい味のものが売れるということになる。
つまりペプシコーラが21世紀には世界の飲料業界を牛耳っているはずだ。
……でもそうはならなかった。
これには2通りの説明があり、どちらも正しい。

1つ目は心理学的説明で、世界的ベストセラー『Blink』において、著者マルコム・グラッドウィルがペプシコーラの開発部重役とのインタビューで明確にしている。
それは、試飲は一口であり、一口の場合はインパクトが大事なので、甘みの濃さで判断されるということだった。ペプシコーラのほうがコカ・コーラより甘く、試飲では好まれるものの飲み干すのは難しい。つまり実験のデータ収集エラーである。

2つ目は、脳科学的観点からの説明で、2003年にアメリカ、テキサス州ヒューストトンでリード・モンテギュー博士が「fMRI」という脳スキャンの機械を使い、同じ実験に少し捻《ひね》りを入れておこなった。

その実験によると、最初に、飲む前に被験者67名に「ペプシコーラ」「コカ・コーラ」「好みはない」の3択を出したところ、大半が「ペプシコーラが好み」と答えた。

このとき脳には何の変化も見られなかった。

次に、両方の飲料を一口ずつ飲んでもらうと実際にペプシコーラを飲んだときのほうが脳の被殻《ひかく》という中央にある部位で「美味しい」という反応を示したのである。

最後に、モンタギュー博士は試飲する前にどちらを飲むかを伝えて飲ませた。

そうしたら75%の被験者が「コカ・コーラのほうが美味しい」と言ったのである。

そのうえで脳は別の反応を示した。

脳の内側前頭前皮質という、難しい決断をするときに反応する部位が活性したのである。

つまり理論的な脳である前頭葉は「ペプシ」と言い、感情的な被殻は「コカ」という戦いが発生。結果的に感情が勝った。

何が恐ろしいかというと、**飲むものをあらかじめ言われたことにより、味の捉え方も好**

みも、**理屈を押しのけて勝ってしまった**ことである。

これはコカ・コーラの長きにわたるブランディングとマーケティングの勝利と言える。

実際人は何か食べているとき安心して購買しやすいという現象があるため、食事の場で商談するのはおすすめするが、**情報として味覚という感覚はほかの感覚に上書きされやすくあいまいである**ということは覚えておくべきだろう。

昔から言われている五感の1つではあるが、あまり頼らないほうがいい。

ちなみに何を食べさせればいいのかというと、全員が全員そうではないが、男性にはタンパク質（ステーキ）、女性には糖分（チョコレート）である。

これらは性質上喜ばれるが、これは味の好みではなくそれから分泌される脳科学物質が好まれているだけである。理由は今回の本の範囲を超えるので割愛させてもらう。

「39ピッチ」ワンポイントアドバイス 35

味を売るのは難しいが、感情は売れる

□あたたかい飲みものを出すと商談の成功率が上がる？

次に「温度感覚」について。

暑い寒いという感覚は生死を分ける感覚であり、重要度が高い。

人は何がないと生きていけないか？「酸素」というのは簡単な答えだ。次に「あたたかさ」と出てくるのは、私のように山登りとサバイバルをしたことがある人間くらいだろう。

私たち人間は3時間体温が低くなると死んでしまう。

そのため私たちは感覚のなかで、温度感覚には極端に鋭い。

とくにあたためてくれるものを好む傾向がある。冷たいものは基本のどを潤してくれるものなので、重要度としてはあたたかさの次に位置する。

アメリカのイェール大学のジョン・バーグ教授の研究では、あたたかい飲みものを持っているだけで、他人の評価を11％好ましいほうに上げるそうである。

つまりあたたかい飲みものしか商談には用意しない、つまり理屈では冬場のセールスのほうが成功しやすい可能性があるということだ（これは要実験だが）。

人は感情の変化を身体的に捉える傾向がある。

その逆に一定の感覚を身体に感じると、その感情を感じていると誤認もする。

どうやったらその部位をあたたかく感じさせられるかは重要である。**カイロをポケットに忍ばせて、握手をする前に手をあたためるのは悪い戦略ではないかもしれない。**

当然プレゼンをするとき集中してほしい場合は、適度に涼しくないと眠くなるという問題が発生するので注意が必要である。


「39ピッチ」ワンポイントアドバイス 36

買い手をあたためろ

□痛みを売れ！

次に「痛覚」について。

痛みは最も人間が避けたい感覚の1つである。

ゆえに痛いと感じることは物理的にも、心理的にも、感情的にも避けようとする傾向にあり、過去に1度でも体験したことがあるならそれを回避するための労力（コスト）は惜しまないことがほとんどである。

もしあなたが相手の痛覚を刺激することができなければ、相手はもっと痛い何かを解決するために時間と労力とお金を費やしてしまう。

PRもマーケティングもセールスも、「苦痛」を連想させることは必須事項である。

私は医療の現場にいた。腕のいい医者とは、診断が正しい医者でも治療の技術が高い医者でもなく、問題の深刻さを正確に患者に伝え、今すぐ手術や改善が必要ならそれを説得する力を持っている医者だと思っている（緊急病棟や、何かしらの理由で患者の意識がない場合を除く）。

自覚症状がない病気もあるため、起きうる将来の悪夢を現在起きている苦痛のように感じさせることができた医者が、最終的に早い段階での予防や治療を可能にしていた。

これは医療の現場だけのことではない。

ロサンゼルスのプライムタイムのラジオホストをしていたジョール・ロバーツのもとには、毎日「ラジオで私の商品をPRをさせてください！」という手紙が山積みになっていたという。

しかし誰もが同じ問題を持っていたそうだ。

それは「問題を売ること」をしていなかったそうだ。

ジョールいわく、

「私たちセールスマンは商品を売るのではなく、認識すべき問題に気づく『問題のセールスマン』でなければいけない」

ということだ。

そしてジョールが言ったことと医療現場で学んだことを組み合わせると、私たちは2種類の痛みを売らないといけないということに気がついた。

1つ目は、突然起きる、声にも出せない刺すような痛み。

2つ目は、ジワジワと半永久的に存在し続ける痛み。

このお客様のフラストレーションや悪夢といった痛みを、お客様以上に具体的に言語化できたならば、相手はあなたを１００％信頼する。

問題を明確にわかっている人は、それをすぐ解決できると思っている節がある。

ここでの質問は、あなたが相手の究極の苦痛をわかっているか、わかっていないかである。

これを簡単に発見する方法がある。

「これの問題は何かと言うと」

この質問である。

この質問をするとき、答えに「死ぬ」や、それに近い言葉を使ってはいけない。

なぜなら死は苦痛から解放されてしまうため、恐れるかもしれないが痛くはないからである。

たとえば、「部屋が汚い」という場合に、

「これの問題は何かと言うと、人を呼べない」

「これの問題は何かと言うと、女の子も呼べない」

「これの問題は何かと言うと、部屋が片づくまで一生彼女はつくれない」

などである。

当然何度もおこなえばさまざまな苦痛、葛藤、苦悩が出てくるので、大いにやっていただきたい。でなければ「39ピッチ」の作成に大きな問題が生じる。


「39ピッチ」ワンポイントアドバイス 37

「痛み」を売りこむのは必須である

□ あえてバランスを崩す

次に「平衡感覚」について。

バランス感覚と加速感覚。人間はバランスがとれているときには動きを感じないが、バランスが崩れると加速している感覚を覚える。

そしてスピードに乗るとまたバランスがとれて安定する。

つまり安定感が欲しいとき、無意識は一番怠惰な「何もしない」「行動に移さない」ことを選択する。安定していると思う人間にスピード感はなく購買決断も遅い。

そう考えると売り手としてはどうやって相手のバランスを崩すかが大事である。

方法論はいくつかあるが、相手の思考の崩し方は2つしかない。

1つは相手の「土台」の問題を指摘することである。

人は今の人生が安定していると確信していて、その理由は意外とあいまいであったりする。たとえば土台となることが「今まで大きな病気をしたことないから」や「ほかに職場でクビになった奴がいないから」などである。

ある英語の格言で「確証があるのは、いつか死ぬことと、明日は今日とは違うことだけである」というのがある通り、未来はわからないはずなのに確証を持っていたりする。

ここで有効なのは、その土台となっているものが本当は「綱渡り」か「泥舟」であることを指摘するという戦法である。

「綱渡り」は今まで通りやり続けられる可能性はあるものの、現実はリスクが高いこと。

「今まで大きな病気をしたことないから」という答えに、

「それが嵐の前の静けさなだけであって、今までギリギリうまくすり抜けてきただけとなぜ言えないのですか？」

などである。

「泥舟」は、本当は沈没中なのだが見ないふりをしているという状況。

「ほかに職場でクビになった奴がいないから」への返しは、

「それって部署ごとなくなる可能性もあるのでは?」

などである。

実際、私の友人に有給休暇から帰ってきたら部署ごとなくなっていて、いつの間にかクビになっていたという人もいる。

そして2つ目の崩し方は、相手の「重心」をずらすことである。

簡単に方法だけ説明すると、相手に人生の目標を聞き、現在地からの距離を認識させる「ギャップ」という方法か、相手が欲しい目先の結果を手に入れたあとのことを聞き続け、自分には何もないと気づかせる「空っぽ」という方法がある。

どちらにせよバランスが崩れれば決断と行動をする確率は高まる。

「39ピッチ」ワンポイントアドバイス 38

相手の「土台」か「重心」を刺激し、バランスを崩そう

□「深部感覚」とは何か？

最後は「深部感覚」について。

「固有受容性感覚」とも呼ばれ、自分の存在位置がどこにあるか明確にわかる感覚のことを言う。目を閉じて自分の鼻を人差し指で押してみてほしい。これが意外にできなかったりする。

この感覚をなくすと自分を見失う感覚にとらわれる。

ちなみに、迷ってもなんとなく家に帰れたり、夜中電気を点けずともトイレに行けるのはこの感覚のおかげである。

この感覚は人が人生に迷ったときに感じるものであり、何が何でも誰かの助けを得て答えを見つけたり、自分で見つけたりしようとする。

ちなみに身近な例で深部感覚を狂わす方法と言うと、バットを地面においてグルグルまわす方法がある。同じように、同じことを何度も何度も聞かされた子どもが大人になって迷うと、この感覚が出る。

どういうことかと言うと、たとえば「あなたは医者になるのよ」と散々言われたのに、医大を中退するとこの感覚に陥る。**今まで信じていたものがウソだとわかったり、騙されていたと気づいた瞬間に世界が崩れる感覚がまさにそれである。**

この感覚も人は嫌うので、それを表現できるのであれば高確率で商売になる。

ゆえに不倫調査員、離婚弁護士、リクルートエージェンシーなどはあまりマーケティングをしなくてもお客様が来る商売になりやすい。

ちなみにこの第5章は、この深部感覚を揺さぶる始まり方をしてあなたの意識を引いたのがおわかりいただけたであろうか?

すべての感覚を満遍なく刺激できるならば、売れない理由はない。

「39ピッチ」ワンポイントアドバイス 39

本当だと思っていたことがウソだとバラされたとき、人は反応せざるをえない

Chapter 6

「39ピッチ」をマスターせよ

□39秒でどんなものでも売れるようになる

やっとここまで来られたあなたに「おめでとうございます」、そして「ありがとうございます」と言うべきだろう。

この章は「39ピッチ」のつくり方と練習法、そして実践方法だけを取り扱っている。

ほかの章に比べると文章の量は少ないかもしれない。しかしそれはほかの章のすべてをやってきたことが前提で話すからだ。ほかの章のすべてを理解したならば、購買前のお客様の感情3つも手に入れているだろう。

それは「興味」「共感」「理解」の3つ。買い手があなたに興味を持ってくれるからタイミング（機会）があり、あなたに共感するから好きでトラスト（信用）し始め、トラブル（苦悩）を理解してくれていると深く感じたから購買を決める（3つのT）。

購買前のお客様の感情

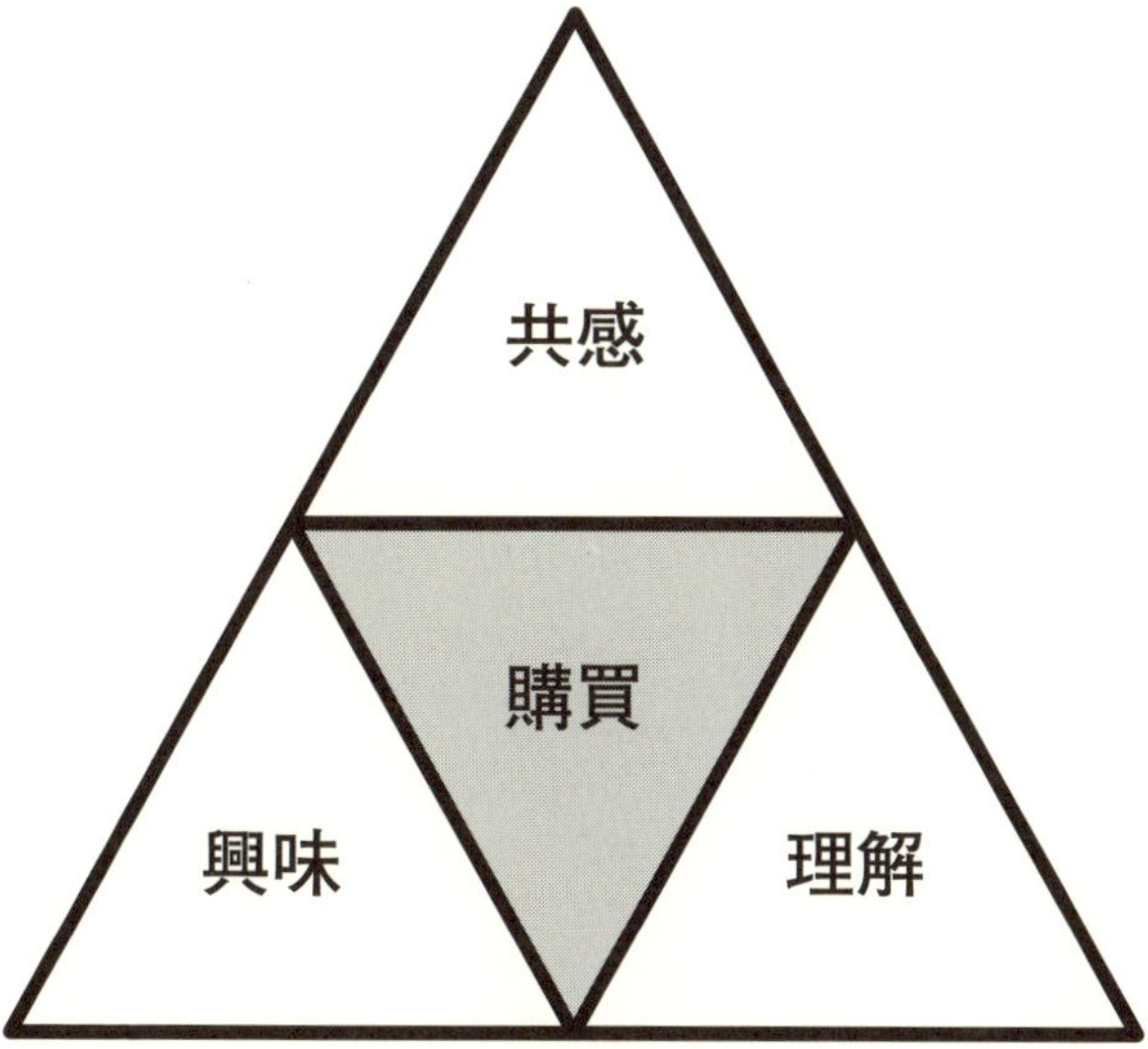

人が他人に何かをしてもらったりするには、まず自分がその感情や行動を相手に示さなければならない。つまり**ここまでの章でおこなっていたことは、私たちが買い手に興味を持ち、共感をして、深く理解しようとしただけ**である。

宿題を事前にしっかりやっておけばセールスは途端に楽になる。

相手以上に相手のことを理解して本当に必要なものが何なのかわかっていたなら、セールスプレゼンテーションは医者の診断室での会話と大差なくなる。

こうなるとあなたは専門家として、今から出す提案を相手が断るなんて1ミリも思わずプレゼンテーションをするだろう。

医者は人の身体に深く興味を持ち、問題と苦しみに共感し、深い理解力を手に入れたから「病気」という問題に対する「診断と処方箋」を出せる。

それと同じで、あなたの「セールス」に人は何の疑いも持たなくなるのだ。

第1章では、あなたはなぜ39秒の短時間で売らなければいけないのか？　そしてそれに必要なのは「タイミング」「トラスト」「トラブル」だと知った。

第2章では、お客様は購買時に価値観をもとに決断し、ときに価値観を〝使う〟ことで素早い決断をするのもわかった。

第3章では、お客様の信頼を勝ち取り、安心して買っていただくためのブランドのつくり方と、その法則を学んだ。

第4章では、大衆に大声で叫ぶのではなく、正しい耳に正しいタイミングでささやく方法を学んだ。それはサウンドバイトというかたちで。

第5章では、相手に理解してもらうために刺激しなければいけない五感（九感）と、それらをどう使うかを学んだ。

これでやっと私たちは「39ピッチ」ができるのだ。

それでは、ここからはとくに集中して読み進めてほしい。

「39ピッチ」ワンポイントアドバイス 40

相手の問題に興味を持ち、共感し、理解をする

□「39ピッチ」を実践せよ！

さあ、いよいよ実践に入る。

10秒サウンドバイトを広告で見たのか、あるいは直接声をかけてきてくれたのかわからないが、相手があなたに興味を持ってきたとする。

すると次の質問は、

「それって具体的に何をするのですか？」

「○○ってなんですか？」

「どうやるのですか？」

など、相手が会話を続けてほしいという意味の**「フッククエスチョン」という質問をしてくる。**ここで「39ピッチ」をおこなう。**目的は相手から「バイイングクエスチョン」、つまり購買のための質問を引き出すことである。**


「それって値段はいくらくらいなの？」

「少額でもやってます？」

「試せます？」

「お店どこですか？」


などである。

商品・サービスの具体性や、どうやって手に入れるかなどの質問をしている時点で相手の脳は買っている。

あとは運営がスムーズにおこなわれることを祈るだけである。

たとえばカフェのオーナーというシチュエーションでの「39ピッチ」を見てみよう。

買い手　「○○さんは、何をしている人なのですか？」

オーナー　「私はあなたのように仕事を引退された方に、心置きなく長居できる静かな空間を保証する、街角の憩いのカフェをやっています」

買い手　「どういうことですか？」

（ここからが30秒のトーク）

オーナー　「あなたに不自由はないでしょう。しかし家以外で落ち着く場所を増やしたいとも感じている。チェーン店のカフェではだめで、街のどこにも行き場がなくなるとも感じている。夢は似た者同士が集まる憩いの場。しかしこのまま散歩を続けてもそんな場所は見つからない。こう感じているのはあなただけではありません。私はあなたのような引退した方が、家のように長居できる空間を設計しました。心優しいあなただから必ず気に入ります。今度来ませんか？」**【30秒のトークここまで】**

（ここで沈黙し、握手の手を差し出す。そして9秒後に……）

買い手　「あ、はい。ぜひ伺います、どこにあるんですか？」

これが「39ピッチ」である。

語っているときは相手の目から目線を外さず、笑顔と愛を忘れなければいい。

このオーナーの台詞は206文字で、通常の大衆に聞かせるスピーチで30秒だったら早すぎるのだが、1対1の場合ならOKである。

ピッチ用のセリフは30秒で基本200文字前後になる。

1分間のスピーチは300文字以内にするべきだと聞いたことがある人もいるだろう。では30秒で150文字では？　と考えるかもしれない。実際NHKのアナウンサーはこのスピードで喋っている。これは「システム2」に最適なスピードである。

しかし「システム1」を維持しなければいけないセールスピッチは、若干スピードアップしなければいけない。早すぎて自分も言えず相手も理解を放棄するようでは本末転倒なので注意は必要である。どれだけ練習しても、早くて30秒300文字が限界であろう。

これ以上は理解の範囲外になる。

シンプルに**30秒200〜300文字の間で「39ピッチ」を完成させていただきたい。**

若干の早口は熱意や情熱が伝わり、楽しそうで動きのある感覚を相手に抱かせる。なので楽しそうに、思わず握手をしてしまいそうな喋り方を意識しよう。
カフェオーナーの「39ピッチ」を分解すると次のようになる。

①　あなたに不自由はないでしょう
②　しかし家以外で落ち着く場所を増やしたいとも感じている
③　チェーン店のカフェではだめで
④　街のどこにも行き場がなくなるとも感じている
⑤　夢は似た者同士が集まる憩いの場
⑥　しかしこのまま散歩を続けてもそんな場所は見つからない
⑦　こう感じているのはあなただけではありません
⑧　私はあなたのような引退した方が、家のように長居できる空間を設計しました
⑨　心優しいあなただから必ず気に入ります
⑩　今度来ませんか？（沈黙、笑顔と手を差し出す）

「39ピッチ」の4セクション

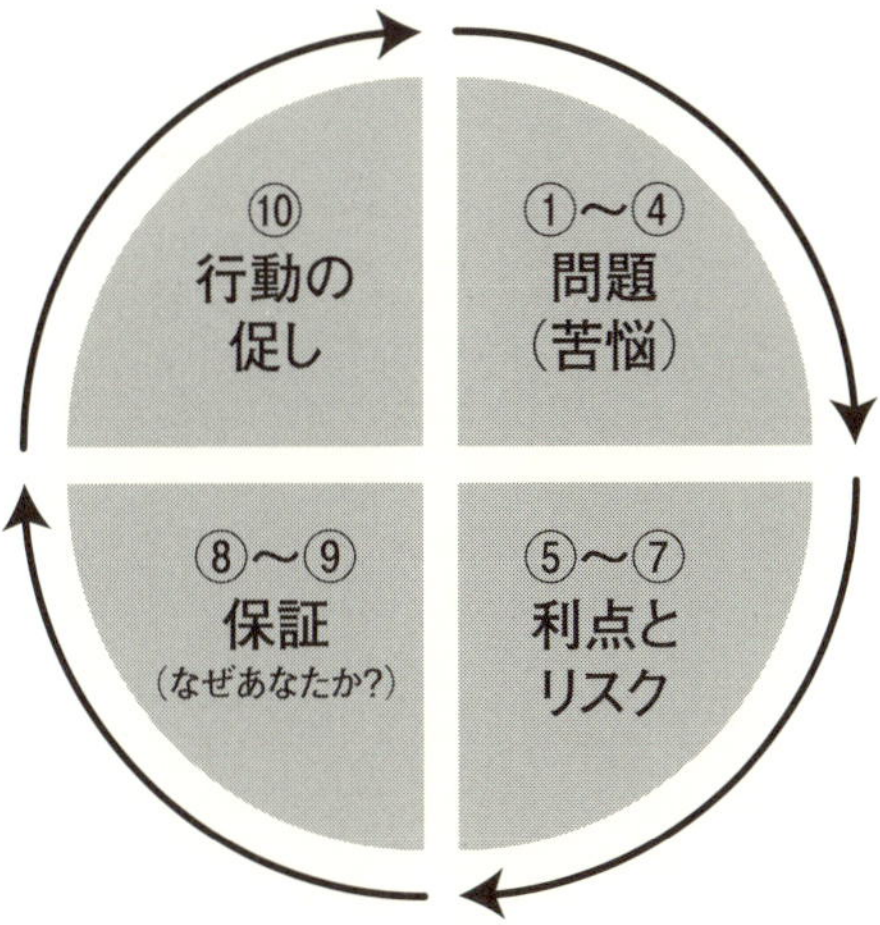

「39ピッチ」は上図のように4つのセクションに分かれる。前ページの①~⑩を、4つのセクションに分けると次のようになる。

①~④「問題（苦悩）」
⑤~⑦「利点とリスク」
⑧~⑨「保証（なぜあなたか）」
⑩「行動の促し」

では、それぞれの項目ごとに見ていこう。

「39ピッチ」ワンポイントアドバイス 41

30秒200文字程度のセールスピッチを作成してみよう

□問題（苦悩）を売る

先のカフェオーナーの「39ピッチ」を例に、それぞれのセクションごとに見ていこう。

まずは**①〜④の「問題（苦悩）」**から。

第5章でも述べたが、私たちは「問題のセールスマン」である。

そして複雑で放置してはいけない問題ほど、私たちの無意識は否定や正当化をする。

だが、そこに最も多くの価値を提供できるはずである。そして最も多くの価値を提供した者が多くの富を継続的に手に入れる。

ゆえに誰もが知っていて見て見ぬふりをすることを指摘して、解決を提案し、人を動かすことのできるものをリーダーという。有名なリーダーは誰もがすばらしいセールスマンである。聞きたくない国の現状や会社の状況を皆が感じとれるように話してくれるから。

人は現在も未来も痛くなければ変わらない。

なので、私はセミナーで「**刺して、捻れ！**」という表現をする。

これは私にセールスを教えてくれた人の1人が言った言葉だ。痛みを感じてもらうために、相手をナイフで刺して、さらにそこから捻るくらいの言葉が必要ということだ。

実際インターネットの発達により情報は仕入れやすくなり、誰もが「どうやって○○……？」と調べるのが簡単になった。それでも貧乏な人は貧乏だし、恋人がいない人は恋人がいないし、不健康な人は不健康である。別にその問題を解決できない資源がないわけでも、情報の得方を知らないわけでもない。問題は「やる気の問題」である。

第2章で言ったが、人には痛みを回避するモチベーションと、報酬を得るためのモチベーションがある。断然痛みの回避のほうが脳科学的にもやる気を出させる効果が高い。

なので、**私たちが「39ピッチ」で最初に語らないといけないのは、相手のお金を今すぐ払ってでも解決したいトラブル、フラストレーション、苦悩、痛み、今問題を解決しなければ起こり得る最悪な未来、悪夢を相手に伝えることである。**

次に買手が試したけど失敗したことを書き出してみよう。

相手のフラストレーションを書き出そう

あなたのターゲットが持っている具体的な不満。
今すぐ解決したいトラブルは何ですか?

-
-
-

あなたのターゲットが将来に対して一番恐れているものは何ですか?今の行動を変えなければどんな結果(悪夢)が待ってますか?

-
-
-

もう、過去に試したけど
うまくいかなかったことは何ですか?

-
-
-

これらをしっかり書き出したら一番大きなフラストレーションと悪夢、そしていまだ淡い期待を持って続けていることをテンプレートに入れれば最初パートは終了である。

これらのなかで最も響くのは相手の価値観的に一番イヤなことである（第2章参照）。

では先のカフェのオーナーの「39ピッチ」をパートごとに分析して見てみよう。

①「あなたに不自由はないでしょう」

これは相手に「自分は十分に資源を持っている」と認識してもらうために言う。

ちなみに、あとで反論対処をする気があったり、それが得意な場合は入れなくてもいい。

この言葉にもう1つ利点があるとしたら、相手に、あなたが相手のことをよく理解しているアピールをするためである。

「あなたはすべてを持っています。いい仕事、すばらしいご家族、頭のいい息子さん、自慢できる会社での実績、好きなことができる時間、そして十分な収入……」

これを言うと、よくある反論の「○○が足りない」を先に「十分あるでしょ？」とつぶすことができる。

信頼関係を構築できるだけではなく、反論も先に対処できる効果があるのだ。

ちなみに、ここに入れるのはあなたが知っている相手のことだけにしておいてほしい。適当につくることのないように。

②「しかし家以外で落ち着く場所を増やしたいとも感じている」

これには相手の脳に「自分のことだ」と気づかせる効果を狙っている。

ここは素直に相手の思っているトラブルを挿入しよう。

これが当たっていれば相手の脳は話を聞いてくれる。

そうでなくても誰か思い当たる人がいた場合は、明確に覚えてくれるようになる。

しかしここで失敗すれば「39ピッチ」の成功率が極端に下がる。

トラブルがあいまいすぎて、第5章で言ったような感覚が刺激されず、イメージできないものは効果がない。同じく病状のように専門的表現も相手には伝わらない。

たとえば、

「しかし、円形脱毛症だと感じている」

と言うより、

「しかし、毎朝鏡に映る10円ハゲを気にしてしまう」

このほうがイメージしやすいうえに生々しい。いつも見る日常の風景を表現するといい。

③「チェーン店のカフェではだめで」

これは相手にほかの方法論があり、それを試した理解を示すものである。そのうえで無駄だったことを思い出させ、行き詰まっているトラブルを認識させる目的がある。

これを入れないと「別に今は困っていない」と、人間の脳は思い込む場合がある。

これは人間の脳が都合のよい過去しか覚えていないからである。

人は失敗から学び改善する生き物なので、試した過去を思い出さなければ改善案であるあなたの商品・サービスを選択しない。

時間があれば、

「あなたはA案、B案、C案、D案、……を試したがどれもだめでした」

と並べてもいい。これは1個でも入れればあとは時間との相談になる。

④「街のどこにも行き場がなくなるとも感じている」

②の現状のトラブルだけでなく、④の未来も暗雲があると見えてしまうと、ここで初めて本当に「やらないといけない」と感じる。脳にとって最も痛いのは未来永劫続く苦痛と、それが将来もっと大きな問題になることである。

実際、人間の問題で放置して自然治癒するのは重症じゃないケガと、やり過ごせるのは自然災害だけである。ほかは悪化し続ける。

悪夢を語らないと、怠惰な脳は「やり過ごせるのではないか？」と思うクセがある。

そして④から言うと「私に関係ない」と現実と未来を結ばない。

だから②を言ってからの④なのである。

③は脳の意識を未来に飛ばす前に処理しておきたいため、④の前におこなうのだ。

「39ピッチ」ワンポイントアドバイス 42

トラブルは手順を踏んで気づかせないと、脳はその真実から逃げる

□ベネフィット（利点）を提示する

次のセクション⑤〜⑦「**利点とリスク**」に入ろう。

トラブルや問題が買うためのモチベーションだとしたら、利点は買う理由となる。

利点なしに人は買わない。利点を表現しなければ、買う理由が足りずに、相手は別の解決案を探しに行ってしまう。

多くの売り手の問題は、特徴（フィーチャーやスペック）を言うが、肝心の利点を言わないことにある。

日本のすごいところは技術力であり、ゆえにＣＭは技術者がやたらその技術を自慢したい傾向が長らく続いた。しかし今では「その技術にどんな利点があるのか」を説明したＣＭが増えてきている。

特徴は目で見えて触れるもので、利点は特徴があるおかげで発生する恩恵である。
わかりやすく言うと次のようなかたちだ。
特徴：ボールペンには金属のボールが先端についている
利点：必要最低限のインクを出し続け、筆のようにインクにつける作業を必要としない
特徴を利点に変える質問は「それの何がそんなにいいかと言うと」である。

特徴：「金属バットは金属製です」
←
「それの何がそんなにいいかと言うと」
←
利点：「バットが壊れる心配が少ないし、手入れも簡単である」

このセクションで必要なのは、買い手が求める解決案をあなたが提供できることであり、そして利点から得られる、望む未来が何かである。

何が提供できるか

相手が1万円出してでも今すぐ欲しがっている
結果や解決法は何ですか?
(例:すぐ20キロやせるのは無理かもしれないが、顔はシャープにしたい)

-
-
-

相手が欲しがっている未来は?
密かに願っている夢は何?

-
-
-

あなたの商品・サービスが提供できる利点
(結果は?)

-
-
-

相手が求める解決法というのは「すべての問題は解決しないが、一番気になることが解決すること」である。これにすぐにお金を払う気があるものでなければならない。

そしてこれらを解決していって手に入る輝かしい未来は何か？　そしてあなたはそれを提供できるのだろうか？　が質問である。

今すぐ欲しい解決案に関しては次のセクションで使う。

そして当然、最も響くのは相手の価値観で一番大事なことである（第2章参照）。

⑤「夢は似た者同士が集まる憩いの場」

④が時間軸的に未来の話だったので、同じく未来の話を続ける。

ただしこちらは好ましい未来である。多くの場合未来に欲しいものは利他的で、他人も幸せか、他人と幸せな自分を思い浮かべる場合が多い。

ここはほかのテンプレート通りしっかりイメージできていないといけない。

あいまいな表現や抽象的な表現、そして専門的な表現は避けるようにしてほしい。

何より、これは買い手の夢なので相手が表現する通りにこちらも表現してあげれば、相手はそれが欲しいと思ってくれる。

もう1つ注意事項は、どこにも「その夢を私たちが提供します」とは言っていないし、保証もしていないということである。今すぐ出る結果は保証できるが、未来については無理だからしていない。イメージさせているだけである。人は何のために物事をしているのかを把握する必要がある。とくに継続的にやらないといけないこと、商品やサービスなら、欲しい未来に続いていると気づかせるのは大事なことである。

そして相手は自分の夢を理解して認めてくれる人を好きになり、信頼する。

⑥「しかしこのまま散歩を続けてもそんな場所は見つからない」

ここでは新しい解決案（あなたの商品）に乗り換えるために、キッパリと「今試していることは効果がない」と言う場面である。ここまで来て相手の信頼を勝ち取っているから言えることだが、これを最初に持ってきたら嫌われること間違いない。

誰も「今までやってきたことが無駄だ」と言われて嬉しい人はいない。

しかし夢が犠牲になっているとしたら受け入れる気にはなってくれる。

これをやっておくことにより「もう○○使っています」や「○○やってます」という購買の反論に事前対処することができる。

⑦「こう感じているのはあなただけではありません」

このフレーズは商品・サービスが変わってもあまり変わらない。

このフレーズの目的は、責任の所在を相手からなくし、罪悪感を消して、社交性を強める効果がある。罪悪感や後悔という感情は心理学的にスタック・ステート（ハマった感情）と言い、行動をあまり起こさない感情なので、次のセクションに行く前に取り除きたい感情になる。ここを無視して相手に罪悪感や後悔の感情が出ると、今回の案も同じ結果になるかもしれないと思い始め、買わないか、買ってキャンセルを出す確率が高くなる。

しっかりと相手の後悔と罪悪感を取り除いておこう。

「39ピッチ」ワンポイントアドバイス 43

事前に起きる問題に対処しながら、希望を売る！

□ なぜあなたを選ぶべきなのか？

次に⑧～⑨**「保証（なぜあなたか）」**に入ろう。

ここまで来たならば、相手は「買おう」という意欲に燃え上がっている。

ただ質問は「誰の何を？」である。

詰めが甘い新人営業マンは散々「問題」を売り、「解決方法」も売ったが、最後に「別におたくのところで買わなくてもいいんじゃない？」と言われて終わる可能性がある。

ここはあなたの商品・サービスが相手に合わせたフルカスタムオーダーメイド品のような感覚を引き出さなければならない。

その感覚さえ引き出せば、相手は確実にあなたのところで頼む。最低でも見積書を請求する。つまり商談と交渉をする余地をもらえるのである。

⑧「私はあなたのような引退した方が、家のように長居できる空間を設計しました」

ここでの注意点は、絶対に「売っています」と言ってはいけない、ということである。

ここまで売りこみじゃなかったのに、突然最後にきて「〇〇（商品）を売っています！」と言う人がたまにいる。「売る」という単語は営業トレーニングを受けたことのある人以外には危険とみなされるので禁忌ワードとしてほしい。

広告拒否という現象を起こして購買自体の意欲を下げてしまう恐れがある。

ここの目的は、理論的に買い手に適した商品・サービスだと思わせるためのセクションである。相手が自分を呼ぶような言葉遣いで（第4章参照）、具体的に相手が欲しい結果を伝えて、あなたもしくはあなたの会社のためにつくった、開発した、発見した、と言ってほしい。

この言葉遣いのほうが専門家に見られるからだ。

もちろん提供する結果はほぼ１００％提供可能なものを言ってほしい。

そうでないとブランドイメージを阻害する結果になる。

⑨「心優しいあなただから必ず気に入ります」

ここではさらに合っている理由の起因を、相手の具体的な特徴に合わせることで「間違いない」と思わせるフレーズである。

流れとしては服を買いに行き、試着したあとに店員が言う「お似合いですよ」と同じ効果がある。購買をおこなうときに第三者の意見が必要な人がいるが、正しくは自分以外の誰かのチェックが必要なタイプの人間もいる。

しかし、何の根拠もなく「大丈夫」と言われたくないので、ここではちゃんとした理由を考えておこなう。

これにより購買の最終チェックが完了し、脳はほぼ買うことを決定している。

「39ピッチ」ワンポイントアドバイス 44

相手にピッタリだと気づかせる！

□アクションを促す

最後は⑩「**行動の促し**」である。
最後のこれがあるかないかが、セールスピッチなのか世間話だったのかを決める。
相手にやってほしい行動の提案をして手を差し出してほしい。
握手をする理由は先に説明した通りである。

⑩「今度来ませんか？（沈黙、笑顔で手を差し出す）」
目的は明確な行動提案が1つだけであること。そしてその行動提案が売買活動や商談を飛ばして商品・サービスを使っている前提であること。

そして沈黙をしっかり9秒は守ることである。

世界的に言われていることは、セールスの失敗の一番の要因が「やらない」「練習しない」以外では「沈黙を保てない」だそうだ。

最後手を出したら喋りはじめたほうが負けであるというのは、昔からセールスの世界で言われてきたことだが、第1章でも言ったように脳は決断を意識に持ってくるまで時間がかかる。

ちなみに何かしらの理由で「39ピッチ」をターゲットではない人におこなう場合は「あなた」という単語を「共通の知っている人」にする。または完全に抜いて、最後に「私がもっと多くの人を手助けできる手助けをしてくれませんか?」と聞くといい。

最後の質問をしたら、手を差し出して、相手の目を見つめ、微笑んで、9秒間沈黙を守ってほしい。

しっかりここまで学んだことを実践して、相手が営業マンならほめて握手してくれる。

ちなみに握手後はもはやセールスではなくて運営の話になる。

具体的に、
・「いつ」

・「どこで」
・「どうやって」
・「誰を」
・「何を」
・「どれだけ」

といった部分を素早く決めてほしい。

決められることを大量に決めてしまったほうが、プロダクトの完全提供までがスムーズに流れるようになる。

「39ピッチ」ワンポイントアドバイス 45

相手に微笑んで9秒全力で集中

□「39ピッチ」フィードバック

「39ピッチ」の全10工程をまとめると次のページのようなシステムになっている。ぜひページをコピーするなどして、書き込んで練習してみてほしい。

生まれながらにセールスがうまい人間はいない。育ちや環境で鍛えられた人間が、失敗と練習を繰り返し強くなっていった結果である。練習は必要であるが、私は学者として効率を大事にするため「39ピッチ」という最もビジネスプロセスで大事なところに重点をおいた。

「39ピッチ」の練習時間は1回たったの39秒。

沈黙を維持できる自信があるなら、たった30秒である。ちなみに平均的セールスマンが使えるようになるまで60回の練習が必要だと言われている。

「39ピッチ」全10工程

苦悩	①「あなたはすべてを持っています…」または 「あなたに不自由はないでしょう…」
	②「しかし…（トラブル）…を感じてる（気にしている）」
	③「（色々試しました）…がどれも効果がなかった」
	④「（悪夢）が起きると感じている／わかっている」
利点	⑤「夢は…（描く未来）」または 「あなたは（輝かしい未来）がいつか来ると夢見てます」
	⑥「しかし、（今まで試してきたこと）を続けても（夢）は 手に入りません／なれません／できません」
	⑦「こう感じているのはあなただけではありません」 「それはあなたの責任ではなく、あなたは孤独でもない」
独自	⑧「私はあなたのような（具体的な相手の表現）が （今すぐ欲しい結果）が得られる／になれる／ができる、 ○○を設計／開発／発見しました」
	⑨（具体的な相手の性格、特徴）だからあなた（に合って いる／に似合っているはうまくいくなど）」（成功の理由)
成約	⑩（買う以外の行動の促し）○○ませんか? （沈黙、微笑みと手を差し出す）」

通常のセールスプレゼンが短くて15分、長くて90分だと考えると、15分を60回で15時間もクオリティを下げずに練習しなければいけない。

ただ練習しても、悪いクオリティの練習は変な癖をつけるだけである。

比べて「39ピッチ」は長くても1時間あれば60回以上練習ができる。

単純作業の集中力は90分しかもたないので、その時間内には終わる。

「39ピッチ」はシステムであるため、この本を読み終わって書き入れることを書いたら、わずか1時間以内には実戦使用可能な品質まで技術が上げられるのである。

その理由はシステムだからである。

私たちが合宿の3日半で49億円売り上げたり、売れたことのない人が売れるようになったり、売上を何倍にも上げることを何度もできるのも、システムだからである。

練習するならできるだけ仲間とやっていただき、次ページの項目をチェックしていただきたい。私たちが研修をおこなうときにチェックしていることである。

本では話し方をどうがんばっても伝授しきるのは無理なので、最低でもチェック方法は覚えてほしい。

チェック項目

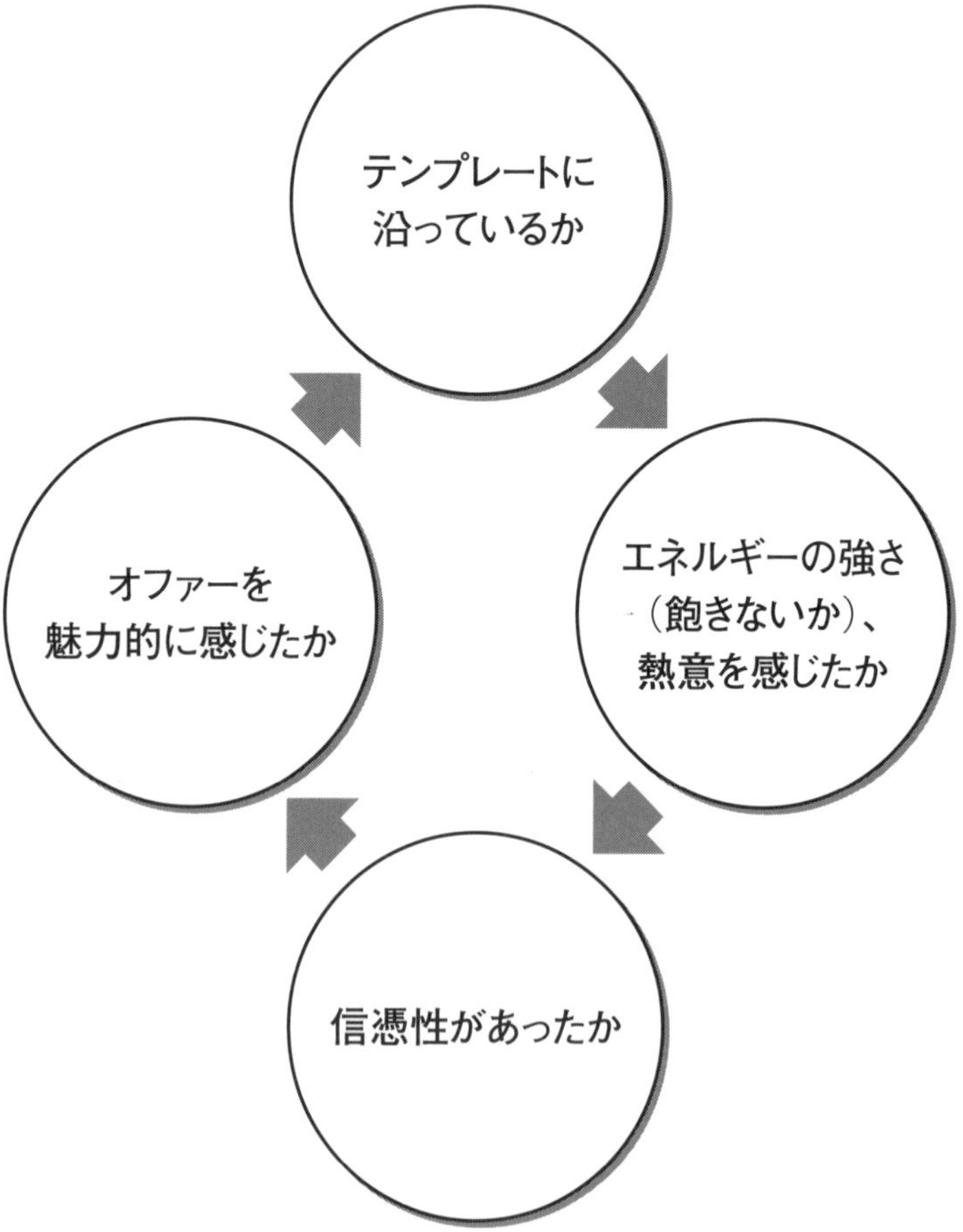
テンプレートに
沿っているか
エネルギーの強さ
（飽きないか）、
熱意を感じたか
信憑性があったか
オファーを
魅力的に感じたか

（1）テンプレートに沿っているか
↓39ピッチの10項目通り、順番通りでないと同じ効果が期待できない
（2）エネルギーの強さ（飽きないか）、熱意を感じたか
↓ボディランゲージや声の起伏がここに関連する
（3）信憑性があったか
↓本人が商品・サービスをどれだけ信じていて、自分をどれだけ信じているかに起因する
（4）オファーを魅力的に感じたか
↓言葉の表現力も大事だが、商品・サービス自体を変えないといけない場合もある

せっかく売るのなら売りやすく、利益も出て、合法的、モラル的、倫理的に正しく、人のために、社会のため、世界のためになるものを売ってほしい。

「39ピッチ」ワンポイントアドバイス 46
見えないところでの練習量が、見えるところでの賛美に変わる

Epilogue

セールスとは、助けることである

「39ピッチは使える」と思っていただけただろうか？

ありがとう。

「39ピッチを練習して実践していこう」と思っていただけただろうか？

ありがとう。

最後まで読んでいただき、本当に嬉しい気持ちでいっぱいだ。

「売れるまで、残り39秒」ということをお話ししてきたが、あなたの次の数年でわかっていることは、この時間がどんどん短くなっていくことである。当然のこととして、最短時間の限界は来るだろう。

そのときは、「24ピッチ」かもしれないし、もしかしたら「18ピッチ」になっているかもしれない。

だけど、「39ピッチ」のエッセンスは忘れないでほしい。

「セールスとは助けることである」

私が常に心に留めている言葉だ。

私はもともと研究職のほうが得意で、臨床やセラピーやカウンセリングは間違えて選んだ結果だ。じつにセールスとは程遠い場所にいた。

しかし、私がほかのセラピストを抜いて、1番と言われるようになったわけは、「何が何でも助けると覚悟したからである。」

オバマ元大統領の選挙日に、車を乗り捨て、逃げ去る女性患者を革靴で走って追いかけ、捕まえて、公共の場でセラピーを行ったこともあった。

ギャングのメンバーのケンカの仲裁をしたり、DVの旦那とその被害にあっている奥さんの、まさに奥さんが殺されそうな現場で離婚交渉したり、マフィアの女性ボスを更生させたりということが、日常茶飯事にあった。

そうしているうちに、最速・最短・最良の結果を出せるように脳が対応していった。

「39ピッチ」は、その副産物とも言える。

セールスするとき、私は「助ける」と決めたならば、失敗したことがない。

経験、技術は関係ない。

最後は売れると思っているか、思っていないか。

その深層心理にあるのは、

「どのくらいの人たちを、どれだけ助けたいか」

である。

人を助けるのを恐れず、喜び、楽しんでいただきたい。

その旅路に「39ピッチ」が使われるなら幸いである。

あなたはきっと、「39ピッチ」を成功させるだろう。

それに疑いはない。

ただ、覚えていてほしいのは、売った後、どういう取り決めがされるのか？

自分にも利がしっかりとある契約になるのか？

あなたの交渉しだいで、収入は天井知らずになるだろう。

最後に、この本に関わってくださったすべての皆様に、心から感謝します。

著者

［著者プロフィール］

遠藤K.貴則（タカ博士）

国際的スピーカー、トレーナー、教授であり、イベントプランナー、米国式人材育成トレーナー、ニューロマーケティングコンサルタント、NLPマスタートレーナーとして活動。心理学を専門とし、アメリカのルイス&クラーク大学で学士号、アルビズ大学で心理学修士号と臨床心理学博士号（法廷心理学特化）を取得。2015年にオレゴン州で臨床心理学者の国家免許を取得後、スタンフォード大学やハーバード大学などで学びを深める。これまでに性犯罪者更生や薬物依存治療、事件交渉などを担当し、FBIやCIAと連携。全米の治療施設で表彰を受けるなど、第一線で活躍。帰国後はニューロマーケティングや心理学を活用し、リーダーシップやチームビルディングの講演を通じ、累計2350億円以上の売上に貢献。現在はCLO（Chief Learning Officer）や投資家としても活動中。著書に『仕事の教科書』がある。

脳が断れない! 無敵のセールスシステム

2025年2月15日　新装版第1刷発行

著　者　遠藤K.貴則
発行者　櫻井秀勲
発行所　きずな出版
〒162-0816
東京都新宿区白銀町1-13
電話03-3260-0391
振替00160-2-633551
https://www.kizuna-pub.jp/

印刷・製本　モリモト印刷

ISBN978-4-86663-266-7

きずな出版

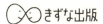